北島加奈子 著

障害者の倫理

フーコーからパラリンピックまで

The Ethics of Disabled People:
From Foucault to the Paralympics.

晃洋書房

目　次

序　論 ……………………………………………………………………… 1

第 1 章　障害の社会モデルをめぐる言説 ………………………… 6

1．オリバーの障害の個人モデル批判 ……………………………… 7

2．オリバーの「社会モデル」の内実 …………………………… 12

3．社会モデルのアンチテーゼ：個人主義イデオロギーと医療化イデオロギー …… 15

4．ディスアビリティ化されたインペアメント …………………… 22

第 2 章　服従する主体と自律的主体——フーコーの主体論 ……… 28

1．告白という服従 ………………………………………………… 29

2．服従から自己への配慮へ ……………………………………… 32

3．「真なることを語ること」そして「別の生」 ……………… 39

第 3 章　「感動ポルノ」と服従する主体としての障害者 …… 50

1．「感動ポルノ」——ヤングの功績，グルーの修正 ………… 50

2．「障害者は障害者」——「感動ポルノ」と『24時間テレビ』の罪 …… 59

3．「感動」に隠蔽される服従化 ………………………………… 63

第 4 章　服従化と自己主体化の両立 ……………………………… 68
——「青い芝の会」の戦略的なアイデンティティ・ポリティクス

1．「青い芝の会」と障害児殺害減刑嘆願運動 ………………… 68

2．「いなかったことにする暴力」に対する抵抗としての
　「障害者」の引き受けとアイデンティティ・ポリティクス …… 74

3．「行動綱領」に見る「あってはならない存在」としての自己への配慮 …… 77

4．「行動綱領」と「青い芝の会」流の「別の生」 …………… 84

第5章　差異の可視化──障害者レスラーの生 ……………… 89

1. 障害（者）と見世物 ……………………………………………… 89
2. 「見られる」と「見せる」の両立への転換──「ドッグレッグス」 ……… 96
3. ヒーローへの自己変容における自己への配慮と北島のパレーシア …… 102
4. 障害者レスラーの「真なることを語る」生 ………………………… 107

第6章　パラリンピック選手の抵抗の可能性と「別の生」…… 115

1. パラリンピックの起源をめぐる言説──ルートヴィヒ・グットマンの功罪 … 116
2. 「客観的な」クラス分けがはらむ恣意性と人間の分断 ………………… 122
3. 「パラリンピック選手」としての主体化──告白・診断，そして（規律）訓練 … 125
4. パラリンピックにおける障害者の抵抗に見る別の生の可能性 ……… 129
　　──バルセロナおよびアトランタ大会
5. ピアーズの別の生 ……………………………………………… 134

終　章　障害者の真理 ……………………………………………… 141

あとがき　163
参考文献リスト　171
　欧文文献　171
　邦文文献　175
　参考URL　178

序　　論

People with disabilities end up being either pitied or celebrated as superhumans（Kiefer 2016）．障害者は憐れだと思われるか，超人として称えられるかのどちらかに終始する

　これは，イギリスのクリエイティブ・エディターであるブリタニー・キーファーが "Sex, Chocolate and Disability: What Marketers Can Learn from Maltesers' Campaign" という記事において，記した言葉である．言い得て妙と言うべきか，ある種の本質を突いている言葉だと言えるだろう．長く，そして，おそらくは現在もこの状況に大きな変化はないからだ．1982年に米国で障害学（Disability Studies）が創始されてから40年以上経ち，その核を成す障害の社会モデルも，一定程度は定着したにもかかわらず，である．また，それは筆者の個人的な経験に即しても，同じことが言えると断言できる．

　筆者は脳性麻痺を理由とする車椅子ユーザーである．独歩は難しいが，歩行可能な車椅子ユーザーだ．身体障害者手帳も持っており，外見も行政上も間違いなく「障害者」に分類される存在である．それゆえ，一人で外出しているだけで「（まだ）若いのに大変ですね」あるいは「単身行動をするなんて，えらい／すごいですね」といった言葉を，数え切れぬほどかけられてきた／かけられている．その都度「いえいえ，全然そんなことないですよ」と，にっこり返答しているが，よく分からない同情や賛辞である．ゆえに，いつの頃からか，そのやり取りを一種の時候のあいさつだと考えるようになった．そのような言葉を耳にする回数があまりにも多く，意味を考えることをやめたのである．確かに車椅子を使用していれば，周囲（健常者）のようにはままならないこともある．時間も手間もとられるが，筆者にとってはそれが当然であることも多く，

ことさらそれを「大変だ」とも，ましてや「えらい／すごい」などとは全く感じない．すなわち，少なくとも筆者に対する「大変だ」（憐れみ）や「えらい／すごい」（称賛）は，的外れなのである．

　長瀬修は，障害学について「従来の医療，社会福祉の視点から障害，障害者をとらえるものではない」と説明した (長瀬 1999：11)．であるならば，障害学よりはるか以前に，障害に医療（治療）という観点が持ち込まれたがゆえに「治癒しない障害を持つ人はかわいそうだ」と憐れみを受けるのか．それとも，もっと根本的に「健常者でない」という理由で，そう捉えられるのか．あるいは「かわいそう」な障害者が，健常者の想像や理解を超えたことをするために「超人として称えられる」のか．だが，1章で詳述するように，障害 (disability) を個々の身体に起因するものではなく「社会的不利益」と見るならば，治療概念は個人には適用されず，あえて言うならば，その発生源を「治療する」（解消する）ことになるだろう．それでも飽き足りず，社会的不利益を被っている障害者は，やはり憐れみの対象になるだろうか．だとすれば，それを被る障害者と被らずに済む健常者のあいだには，何らかの権力関係が存在していると言えるだろう．

　障害学は「障害-健常をめぐる既成の知のありように目をむけ」る研究分野である (倉本 2000：185)．当然，一方的に憐れだと思われる方にも，超人だと称えられる方にも障害-健常をめぐる権力関係が生じている．前者を批判するものは，枚挙にいとまがない．本研究で事例に挙げる「日本脳性マヒ者協会青い芝の会」は，その一つに数えられるだろう．後者の代表的な批判は，パラリンピックや感動ポルノ批判が該当する．両者とも，障害学の分野で幾度となく議論が重ねられてきた．その意味において，確かに障害学は「障害-健常をめぐる既成の知のありように目をむけ」ているのであろう．

　しかし，である．管見の限りだが，障害学（の研究者）は，障害者を受動的な存在だと捉えている印象がある．たとえば，障害学のパイオニアとされるマイケル・オリバー（グリニッジ大学にて，英国初の障害学の教授に就任[1]）は，障害者を被社会的抑圧の経験者と見ていた (Oliver 1999：2)．また，国内における代表的論者として数えられる石川准は，ディスアビリティの定義にもとづき，障害者を「作為的・不作為的に不利益がもたらされる，ある特定の個人や集

団」と捉えていると解釈できる (石川 2002：26). 同じく星加良司は，ディスアビリティを「ある個人に多くの『不利益』が複合的で恒常的な形で集中する状態」と考えている (星加 2004：41). 言い換えれば，「複合的かつ恒常的に，多くの『不利益』を集中的に経験させられる，ある個人」が，星加にとっての障害者なのである．オリバーの主張はもちろん，石川と星加のそれも間違いではないし，理解することはできる．障害を社会的抑圧と見るにせよ，不利益と捉えるにせよ，被社会的抑圧をより経験するのも，不利益を被るのも障害者の方が多い[2]．また2章以降の議論になるが，障害者が服従（化）によって主体化するということも事実である[3]．

　だが，それだけなのだろうか．障害者は，常にすでに社会的に抑圧され不利益を被り，好むと好まざるとにかかわらず他者から憐れに思われ，あるいは超人として称えられる（だけの）存在なのか．自らの意志で障害者としての自己を形成したり，あるいは逆にそうではない自己を作り上げたりすることは不可能なのだろうか．障害者を受動的な存在としてのみ捉えることは「障害-健常をめぐる既成の知」を踏襲するだけではないだろうか．障害学がそれを問う研究分野であるならば，障害者の受動性に疑問を付し，別の可能性を追究することも必要なのではないか．本研究は，このような疑問を動機として執筆するものである．したがって，おのずと本書の目的は，障害者の自律的な主体性，主体化を追究することになる[4]．換言すれば，先走った言い方になるが，服従化＝主体化ではない障害者の主体化は，いかなるものかを探究することが目的なのである．これは2000年代以降に台頭してきた批判的障害学 (Critical Disability Studies：CDS) まで含めてみても，検討されることが（少）ない論点である．例外的に辰巳一輝 (2022) が，いわゆるドゥルーズ＝ガタリの哲学をCDSに導入することで服従化＝主体化ではない主体の可能性を探る議論の紹介をしているが (Roets and Braidotti 2012)，そこでの，インペアメントの理論化を求めるか否かという点における筆者との違いは，小さくないだろう[5]．だが筆者との違いを強調するよりも重要な問題は，ローツとブライドッティの研究のほかに，服従化ではない障害者の主体化を論じているものが見当たらないということだ．筆者は自分自身の経験や感覚を踏まえ，障害者が，好むと好まざるとにかかわらず他者から憐れに思われ，あるいは超人として称えられるだけの存在だとは考えていない．

研究の道に進むと——それはすなわち，障害者としてではない自己を形成すること——決めたのが筆者自身の意志であるように，障害を持つ者が主体であるとき，彼らが常に必ず何かに受動的に服従する／服従させられる者であるとは限らないのである．しかし，くり返しになるが，この点については論じられていないし，書かれてもいない．障害者というカテゴリーに振り分けられている筆者が論じなければ，それは筆者自身が「障害-健常をめぐる既成の知」に服従していることと同意なのである．そしてそれは，自己の意志に反することである．

それゆえに，本書の目的そのものが研究の新規性と意義になる．障害学内部での批判を踏まえ，現在では CDS が主流になって久しいと言えるだろう．だが，それでもまだ，障害者の自律的な主体化についての議論は十分に進んでいないからだ．本書は，障害の社会モデルが一定，主流になった後の，現代障害学に存在する空白を埋める一つになるものと考えている．

本研究の目的達成と意義を示すため，本書は次のように議論を展開する．

まず，第 1 章は障害学の根幹の一つを形作っている障害の社会モデルを最初に提示した，オリバーの議論を概観することから始める．オリバーがそれを示した目的や背景を明確にすることで，障害の社会モデルが果たす役割や，そこに込められた故オリバーの願望を拾い上げておこう．言うなれば，これは原点回帰である．

第 2 章では，本研究が依拠する理論的枠組みとなる，ミシェル・フーコーの議論を示す．CDS を一つの典型として，障害（者）を論じる上でもフーコーの影響は無視できない．そこで用いられる議論の多くが狂気 (Oliver 1990)，権力 (Anders 2013；後藤 2007)，統治論 (Temain 2001, 2017) であるのに対し，本書では主体論を援用する．両者の接続により，新たな障害論を展開するのである．

その後，第 3 章は逆に，本書では批判の対象となる「感動ポルノ」について要点をまとめ，筆者なりの定義もつけ加えておく．そして，二つの団体と一つの国際大会を事例にして，従来とは異なる障害者の新たな主体化を順に検討していこう．具体的には，第 4 章で「日本脳性マヒ者協会青い芝の会」を，第 5 章では障害者プロレス団体「ドッグレッグス」を取り上げる．そして，第 6 章で取り上げるのがパラリンピックである．大雑把に分けるならば，前者二つは本質主義的に「障害者」として自己を主体化するのに対し，後者は障害者であ

りながら，それだけではない／それとは別の自己として，新たに主体化している例である．筆者自身も後者の主体化を目指している．

　なお「青い芝の会」「ドッグレッグス」そしてパラリンピックの順に議論するのは，単純に時代の流れを追うからであり，どれが良い（悪い）という話ではない．本書全体を通して問題視するのは健常（者）規範であり，むしろ健常者が障害者に下す価値判断の方にあることを，ここであえて言明しておく．

注
1　オリバーの経歴については，ジョン・ラッセル・シルヴァ（2019）を参照．
2　健常者をいわゆる able-bodied とし，その意味においての障害者 disabled people との対比に限る．セックスやジェンダー，その他の属性に付随して生じる不利益については，ここでは措く．
3　「主体」表すフランス語の sujet には二義性があり，主体のほかに他者へ従属する臣下という意味も含む．すなわち，主体になる／主体化するということは，同時に，他者への服従をも含意するのである（Foucault 1976＝1986：79）．
4　ここには「自立」を含意するという意見もあるだろうが，自律と「自立」の関係をめぐる議論は今後の課題とする．よって本書ではこの点には言及しないが，少しだけつけ加えておく．本書も，何かにあるいは誰かに依存しながら自己を確立していく自立（そして，そう称して良いならば）自律を肯定する立場である．ただ，身体的・経済的に身を立てる自立よりも「障害者らしくあれ」という有形無形の社会的な（と言ってしまうが）要求に対し，それに抵抗する形で，障害者である（「青い芝の会」）か，そうでないか（時にピアーズ）を自らの意志で決定することが自律であり，自律的な主体化だと考えている．
5　筆者はローツらとは異なり，インペアメントの理論化については議論しない．

第 1 章

障害の社会モデルをめぐる言説

　昨今は学術／研究の場に限らず，障害（者）に関して何かを発する際の土台
に，障害の社会モデルがあると言っても過言ではないだろう．たとえば，その
内実は措くとして，国土交通省や内閣府のホームページにも「『障害の社会モ
デル』をすべての人が理解し」あるいは，障害者差別解消法は『『社会モデル』
の考え方を踏まえている」と記されている[1]．すなわち，国の政策レベルにおい
ても「障害の社会モデル」という言葉は浸透しているのである．また，杉野昭
博はアーヴィング・ケネス・ゾラの邦訳（Zola 1982＝2020）の解説において「初期
の障害学において説明に時間を要した『社会モデル』は今や国連の障害者権利
条約にも採用され，『世界の常識』になりつつある」と主張する[2]．

　障害学の分野に目を向けると，コリン・バーンズが「社会モデルから着想を
得た考え方は，世界中の政策界や大学に大きな影響を与えた」と述べる一方で
「しかし多くの点で，社会モデルとは何か……について，一般的な誤解が残っ
ている」とも言う（Barnes 2019：14）．なお，主として英国型の社会モデルが擁護派
による内部（自己）批判を含め，どのように展開してきたかという動向につい
ては，辰巳（2022）が一定程度，詳細にまとめていると言える．加えて井芹真紀
子（2019）は，同じく英国型の社会モデルが抱えた「インペアメントを持つ身
体」あるいは，身体そのものの位置づけをめぐる議論を概観する．井芹は，社
会モデルによるインペアメントとディスアビリティ区別や，それを前提とした
障害の理論が「固有の対象」（Corker 1999）を設定することで「消えゆく身体」
（Hughes and Paterson 1997）や特定の差異の不在化が生じると，メイリアン・コーカー
などを援用して論じている．井芹は，障害学に求められるものとして，特定の
身体やディスアビリティ経験を排除しない理論の構築を目指すだけでなく，
「いまなお〈不在〉でありつづけているような存在への視座」を挙げる（井芹

2019：296）．井芹は，誰が／何が「不在でありつづけているような存在」である
のかという点には言及していない．だが序論と重複するが，これから本章で議
論していくような，自律的な障害者の主体（化）は，現在の障害学にはまだ存
在していないと，筆者は主張する．それゆえに，障害に関する研究においては
「欠けている主題／不在の主体のためのスペースが作り出されなくてはいけな
い」というジェニー・モリスを引いた（Morris 1992：165），井芹の指摘は有効であ
ると考えている．

　障害の社会モデル（Social Model of Disability 以下，引用と一つの箇所を除き社会モデルと略す）が
最初に提示されたのは，オリバーの *Social Work with Disabled People*（1983）にお
いてである．その後，1990年に *The Politics of Disablement* が出版され「この本は
社会モデルを普及・発展させたものとしてよく紹介されるが，実際には書籍全
体の中で3ページしか論じていない」とオリバー自身が述べている（Oliver 2013：
1025）．オリバーのこの二冊の書は有名だが「社会モデル」が「一人歩きし」た
ため（ibid.：1024），管見の限り，オリバーの主張そのものはあまり論じられてい
ないように見受けられる[4]．したがって，本章ではそもそもオリバーが提示した
社会モデルとは何か，社会モデルに関連づけるとすれば，*The Politics of Disable-
ment* では何が論じられているのかという二点を中心に，まずは検討していく．
また，社会モデルに寄せられた批判のうち，それそのものもほかの論者に批判
されているが，やはり重要な論点だと筆者が考える主張に，シェリー・トレメ
イン（2001，2017など）の議論がある．そこで，トレメインを援用しながら，社会
モデルが内包する問題を提示する．その上で，なおトレメインの議論に残る問
題点を明確にし，それを次章以降へとつなぐ足掛かりにしたい．

1．オリバーの障害の個人モデル批判

　オリバーが社会モデルを提示した背景には，専門職としてのソーシャルワー
ク／ソーシャルワーカーが障害者を無視，あるいは「障害を個人的な災難（dis-
ability as a personal disaster）とする支配的な見方に基づいて介入してきたこと」に対す
る批判がある（Oliver and Sapey［1983］1999：xiii）．この批判の源となった，ソーシャル
ワーク／ソーシャルワーカーによる不適切な介入モデルをオリバーとボブ・

第1章　障害の社会モデルをめぐる言説　　7

サーペイは障害の「個人モデル」("individual model" of disability 以下，引用を除き個人モデル)
と呼び，まずこれが適切でない理由を説明する (ibid.：13)．ここでは，必要な部
分に絞ってその内容を概観しておく．

　オリバーとサーペイによるならば，個人モデルでは，障害者が経験する問題
は，個々人のインペアメントによる直接的な結果であると考える．ゆえに，専
門職であるソーシャルワーク／ソーシャルワーカーの「主な仕事は，特定の障
害状態 (disabling condition) に個人を適応させることである」と言う (ibid.：13)．また，
オリバーとサーペイは，障害を個人的な悲劇だと見なす理由について，それが
ソーシャルワークにとって「専門性と専門的な技術を行使する最良の方法と思
われたから」(Wilding 1982：97) だとポール・ワイルディングを引用して述べる．
つまり，障害者はソーシャルワークが自らの専門性を確立し，その力を行使す
るというある種の恣意的な事情のために利用されたのである．

　そしてオリバーとサーペイは，ソーシャルワークの優位性を保証するための
個人モデルに対する二つの一般的な批判を挙げる．一つは，暗黙の裡に個人と
いうものが，その人に生じる事柄によって決定されるとしている点だ．イン
ペアメントが先天的なものであれ，事後的なものであれ，それ（のみ）で個人が
決定されるわけではない．もう一つは，個人モデルが想定する障害（ここには，
インペアメントとディスアビリティの両方が含まれるだろう）への適応段階に
関することである．あるソーシャルワーカー (Weller and Miller 1977) は，障害を
負った個人はショック，拒絶，怒りなどの各段階を経て自らの状態を受け入れ
るようになると論じている．だが，オリバーとサーペイは「このような説明は，
悲しんだり嘆いたりせず，一連の適応段階を通過することもない多くの障害者
(disabled people) の個人的な体験とは一致しない」と批判する (Oliver and Sapey［1983］
1999：16)．さらに同様の批判は，視覚障害者からも出されているとして，それ
を引用し示している (ibid.)．

　　戦争の犠牲者を「目が見えなくなった」と表現するのは正しいことだ．し
　　かし，それ以後は，それまで慣れ親しんできた視覚的なイメージが欠落し
　　ていると考えるだけである．……一般の人々の言葉の習慣に合わせるため
　　に，自分のことを「目が見えない」と言うこともある．しかし，内心では

そのように考えてはいない．他人が自分に対して抱いている考え方のパターンに当てはまる時だけ，彼は自分が「暗闇の中にいる」と感じるのだ (Clark 1969：11-12)．

　フレデリック・クラークのように「それまで慣れ親しんできた視覚的なイメージが欠落していると考えるだけ」であるならば，失明を嘆き悲しむ必要はない．しかし上記のような段階があるとすることで，ソーシャルワーカーは各状況に適切な——障害者にとっては「不適切」な——介入が可能になる．換言すれば，障害者が経験するとされるショック，拒絶，怒りなどの各段階は，実際はソーシャルワーカーが自らの専門性と専門的な技術を行使するために必要とされることが多々あるというわけである．
　さらに，ヴィグ・フィンケルシュタインをはじめとする障害者がこのモデルを批判するまで，障害 (disability) に問題はないという前提で出発した研究は，ほとんど存在しなかったとされる．この点に関連して，オリバーとサーペイはジェーン・イボットソン (1975) を引きながら，次のように論じる (Oliver and Sapey：17-18)．

　　脊髄損傷者が適応しなければならない多くの問題を考察すると，損傷後に起こる心理的プロセスの重大さに気づかされる．このような人は，自分の喪失を悲しむこと，痛みや幻覚への対処，性機能の変化，膀胱や腸のコントロールの喪失，動けないことの不満，職業目標や稼ぐ能力の喪失，役立たずの感情，家族における役割の逆転，それに伴う自尊心の喪失，世間の目から見て「違う」ことへの社会的スティグマに直面する．このように人生を狂わされた多くの人々が……身体的・社会的自立のレベルで生き残り，働いていることは，人間の精神の柔軟性と壮大さに対する驚くべき賛辞である (Ibbotson 1975：5)．

　オリバーとサーペイは，イボットソンの議論が社会意識に深く埋め込まれ，ステレオタイプなメディアの表現によって強化される障害者の「神聖化」(“sanctification”) プロセスを正確に反映していると言う．その一方で，アン・シアラー (1981) が批判的に述べているように，障害を悲劇や個人的な災難として提

示するものがあるとも言う (Oliver and Sapey [1983] 1999：18)．

　　「規範」（"norm"）は，障害が明らかで，なおかつそれが深刻な人々は，少な
　　くとも「悲しく」（"sad"），さらには「悲劇的」（"tragic"）でなければならない
　　と要求する．そして，その弁明が個々の現実を前にして崩れたとしても，
　　その裏返しがそれなりに用意されている．型から外れた人々の反応は，
　　「素晴らしいじゃないか」となるのである (Shearer 1981：21)．

　オリバーとサーペイとは異なるが，筆者の関心に関連づけて少しだけ議論を
先取りするならば，イボットソンの障害者の「神聖化」も「規範」に対するシ
アラー議論も，どちらも「感動ポルノ」に深く関わってくるものである．1970
年代・80年代には，まだその言葉は存在しない．だが，すでにそして常に「感
動ポルノ」の萌芽は存在するのである．詳細な議論はのちの章にて行うため，
ここではこの程度の指摘に留めておこう．
　オリバーとサーペイの議論に戻ると，二人は手足や能力を失った自らの姿を
嘆き悲しむ患者がその身体イメージに適応するための手助けをしなければなら
ないと述べるソーシャルワーカーに対して，フィンケルシュタイン (1980) の議
論をふまえながら，このような考え方は，障害者にとっての障害の意味に，健
常者の正常性の基準を押しつけることにほかならないと批判する (Oliver and Sapey
[1983] 1999：19)．また，フィンケルシュタイン自身も以下のように主張している．

　　障害者が個人的な損失を「被った」（"suffered"）という態度は，健常者の正常
　　性という基準を，暗黙のうちに受け入れることに基づく価値判断である．
　　……「もし彼らが何かを失っていなければ，彼らは助けを必要としなかっ
　　ただろう」という論理は「そして，彼らを助けるのは社会の代表であるわ
　　れわれゆえに，問題解決のための規範を設定するのはこの社会だ」という
　　ことを意味する (Finkelstein 1980：17)．

　フィンケルシュタインの主張をオリバーとサーペイに則して解釈するならば，
「もし彼ら（＝障害者）が何かを失っていなければ，彼らは助けを必要としな
かっただろう」し，「彼らを助けるのは社会の代表であるソーシャルワーカー
ゆえに，問題解決のための規範を設定するのはこの社会だ」となるだろう．つ

まり，ソーシャルワーカーは社会一般に浸透している健常者の「正常化＝規範化の権力」を行使する，その一人なのである．小泉義之は「健康と病気の社会構築主義は密かに病気を障害のごとくに捉えてきた．言いかえるなら，障害を病気のごとく捉えてきた」と論じる（小泉 2004：218）．しかし，「障害は病気ではない」のである（同書：218）．したがって，端的に言えば，ソーシャルワーカーは障害者を「異常者」と捉える健常者のうちの一人である．彼らは直接的に障害者を異常（者）だと言っているわけではない．けれども，障害者は「何かを失って」おり，なおかつ「助けを必要と」するということから「正常」な状態の人間ではないと解釈される．したがって，犯罪者や病人ではないが「異常な人物」として挙げることが可能であるがゆえに，「正常化＝規範化の権力」の対象となると言うことができるだろう．

また，オリバーとサーペイは次のようにも主張する．

> ソーシャルワークによる障害（disability）の心理的・生理的説明の疑いなき使用は，福祉が技術化された1990年代に強まった．個人モデルから派生し，世界保健機関（World Health Organisation: WHO 1980）の国際障害分類（International Classification of Impairment, Disability and Handicap: ICIDH）を牽引する「異常」を区分してコード化するプロセスは，困難なソーシャルワークの実践の定義を説明することに熱心な福祉管理者にとって，魅力的で管理上も便利なものとなった（Oliver and Sapey［1983］1999：20）．

上記の引用から分かるように，少なくとも国際障害分類の段階では，障害は「異常」と見なされ，それに対応するのがソーシャルワーク／ソーシャルワーカーだと考えられていたのである．そしてフィンケルシュタインやシアラーのように，少数ではありながら，障害を異常と捉えることについての批判はされていた．

その一方で「長年の批判にもかかわらず，障害に関しては，個人モデルが依然として支配的であることは明らかであ」るとオリバーとサーペイは述べる（Oliver and Sapey［1983］1999：21）．そして「それはおそらく（筆者追記：トーマス・）クーン（1962）が『パラダイム』と呼んだもの，つまり，その分野で働くすべての人々が固執する知識体系としての性質を帯びている」が「クーンは，パラダイムが

第1章 障害の社会モデルをめぐる言説　11

時に『革命』によって置き換えられ，覆されることを明らかにし」たと続ける (Oliver and Sapey [1983] 1999：21)．オリバーとサーペイにしたがうならば，個人モデルから置き換えられた「新しいパラダイム」(ibid.) こそが，障害の社会モデルなのである．

2．オリバーの「社会モデル」の内実

オリバーとサーペイは，社会モデルについて「この新しいパラダイムは，特定の個人の身体的制限に着目するのではなく，物理的・社会的環境が特定の集団やカテゴリーの人々にどのような制限を課しているかという点に目を転じることであり，それ以上でもそれ以下でもないのである」と言い (ibid.：21)，またオリバーは別のところで「私は社会モデルを人々の生活を向上させるための道具としか考えて」いないと言い切っている (Oliver 2013：1025)．[8]

オリバーが

> 障害の社会モデルの背景にある考え方は，1970年代半ばに初めて発表された「障害の基本原理」(*Fundamental Principles of Disability*：UPIAS 1976, 以下 FPD) という公文書に端を発する．[9]そこでは，われわれはインペアメントによってではなく，社会で直面する障害の障壁 (disabling barriers) によって無力化されると主張した (ibid.：1024)．

と論じたように，社会モデルの素地を示したのは「隔離に反対する身体障害者同盟」(Union of Physically Impaired Against Segregation：UPIAS) である．UPIAS によるインペアメントとディスアビリティの識別はあまりにも有名だが，後述の議論において必要になるので，本章でもここで引いておく．

> われわれの考えでは，身体障害者を無力化する (disables) のは社会である．ディスアビリティとは，われわれが不必要に隔離され，社会への完全な参加から排除されることによって，インペアメントの上に押しつけられる何かである．このことを理解するためには，身体的なインペアメントと，そのようなインペアメントを持つ人々に対する「ディスアビリティ」("disabili-

ty") と呼ばれる社会的状況の区別を把握する必要がある．つまり，インペアメントとは，手足の一部または全部が欠けていること，手足や器官，身体の仕組みに欠陥があることであり，ディスアビリティとは，身体的なインペアメントを持つ人々を全く，あるいはほとんど考慮せず，社会活動の主流から排除する現代の社会組織による不利益や活動制限だと定義する．したがって，身体障害は，社会的抑圧の特殊な形態である (UPIAS 1976：14)．

オリバーとサーペイは「社会モデルは他のパラダイムと同様に，社会の世界観に根本的に影響を与え，そのなかで，特定の問題の捉え方を変えるものである」とくり返し主張する (Oliver and Sapey［1983］1999：22)．それまでの社会は，障害者が経験する問題を，個々人のインペアメントによる直接的な結果であると見なしてきた．それのみならず，障害者がインペアメントによって個人的な損失を「被った」としてきた．これらのような一般的な価値観に対し，社会モデルは障害者に何らかの損失を被らせてきたのは社会の方だと，その価値観を覆した．それによって，障害者が労働社会から排除される一つの理由を説明できるのである．

仕事の世界（建物，工場，機械，プロセス，仕事，慣習，規則，社会的階層さえも）は，利益を最大化する目的で，健常者向けに作られている．大規模産業の成長は，仕事中心の社会で，障害者を生産過程から隔離し排除してきた (Swain 1981：11-12)．

上記のように主張するジョン・スウェインを援用して，オリバーとサーペイは言う．

このことは，後期資本主義社会において，個人が何をするかによって判断され，それによって適切な社会的地位が与えられるという点で，極めて重要である．したがって，障害者が「依存的」("dependent") であるという支配的な社会的認識は，身体的制限のために働けないからではなく，現代の産業社会における仕事の組織化の仕方に起因すると考えることは難しくない (Oliver and Sapey［1983］1999：24)．

特にオリバーにとって，資本主義社会の到来は障害者が労働市場から排除されるだけでなく，（障害の）個人モデルが強化されるという点においても強い意味を持っていたと言える．*The Politics of Disablement* (1990) では個人というもののイデオロギー的構築と，障害の個人化および医学化との関係を詳細に論じている．その分析の詳細は次節に譲る．だが，ごく簡単に議論を先取りすれば，資本主義の台頭による障害者の排除は彼らの身体に注目することで促進された．その障害者の身体に注目したのが医療関係者であり，彼らによって障害が個人の病理とされたのである (Oliver 1990：Chapter 4)．

議論が前後し，くり返しにもなるが，だからこそ資本主義社会になり，労働市場からの障害者の排除とともに，障害は個人的な損失（インペアメント）によるものだと見なされてきたことに否を突きつけたのが社会モデルなのである．

ところで，社会モデルを提示した当初からこれに対する批判があることを，オリバーとサーペイは認めている (Oliver and Sapey [1983] 1999：25)．モリス (1991) やリズ・クロウ (1996) に代表される，社会モデルのインペアメントの軽視という批判について，オリバー自身は次のように応じている．

> 私やほかの人々は，インペアメントや差異に着目することは，社会モデルを非政治化するだけであり，障害者のライフスタイルを改善したり守ったりするキャンペーンを展開するために有用と思われるアプローチや代替モデルの開発にはつながらない，としばしば指摘してきた (Oliver 2013：1025)．

先に述べたように，オリバーにとっての社会モデルは「人々の生活を向上させるための道具」なのだから，そのために使用できなければ意味をなさないと言っていい．たとえば，2008年の世界経済の破綻は，とりわけ障害者にとって，社会モデルの非政治化を招く急速な事態の悪化だったとオリバーは言う (ibid.：1026)．オリバーにしたがうならば，（社会モデルの）一部の批判派が主張するような個々人のインペアメントや差異の強調は，障害者を対象とする給付金やサービスを守るには無力な戦略だった．インペアメント，すなわち社会一般に浸透している「障害」の概念に基づいて行われる「給付金の削減は，重度の障害を持つ人（したがって，それに値する人）にはより多くを与え，そうでない人（したがって，それに値しない人）には与えない意図があるという理由で，

正当化されている」からである (ibid.). 社会モデル的に考えるのであれば，障害はディスアビリティであり，社会から排除されることによって生じる不利益である．それは（身体的な）インペアメントを持つ人々に押しつけられるとされているのだから，そこでインペアメントの程度を問われることはないはずである．よって，給付金は無力化されているすべての障害者が受け取るはずであり，個々の受給額に差が生じることそのものが間違いだという論理展開になると考えられる．しかし，社会モデルを部分的に批判する（決して全否定しているわけではない）人々が個々人のインペアメントや各々の差異への着目を強調することで，それらによる識別を可とするという解釈が生まれる．そして，それが理由となって政策に給付金減額の口実を与えてしまうのである．

また，オリバーとサーペイは「インペアメントの発生を個人的な悲劇として経験する人もいる」ことを認めている (Oliver and Sapey [1983] 1999 : 26). しかし，それを必要以上に前面化すると結局のところ，健常者に「障害（インペアメント）は個人的な災難」であり，それを被った障害者は，正常なわれわれとは異なる「異常者」であるという解釈を許すことにつながる．俗な言いかもしれないが，インペアメントを持つ人のことを考慮しない社会の方が異常なのだとするのが社会モデルである．したがって，個人的なインペアメントの経験そのものは否定しないが，それに注目しないことこそがオリバーとサーペイの考える社会モデルの真骨頂だと言えるだろう．社会モデルは「障害者に起こるすべてのことを理解し，説明することができる包括的な枠組み」なのではなく (Oliver 2013 : 1024)，あくまでも人々の生活を向上させるための道具であるとするのがオリバーの主張だと，あらためてくり返しておこう．

3．社会モデルのアンチテーゼ：個人主義イデオロギーと医療化イデオロギー

オリバー自身の言葉を借りれば，*The Politics of Disablement* [10] (1990) は「現代世界で障害者に何が起きているのかについて，より包括的な説明を試みた」ものであり (ibid. : 1025)，先に述べたように社会モデルそのものについてはほとんど触れられていない．邦訳版の内容紹介では「障害者が無力化されてきた要因，すなわち個人主義イデオロギーと医療化イデオロギーを明らかにし」た論考とさ

れている[11]．何度も述べているが社会モデルは，障害者が無力化されてきた要因を彼らのインペアメントではなく，社会の構造にあるとしてきた．それを支える中心にあるのが，個人主義イデオロギーと医療化イデオロギーであろう．本章の目的の一つはオリバーの議論に立ち返って社会モデルを捉えることであり，オリバー論の展開ではない．よって，本節では *The Politics of Disablement* の内容全体の重要性を認めた上で，社会モデルにも大きな影響を及ぼしてきたこれら二つのイデオロギーを鍵として（原著においては Chapter 4），オリバーの主張を取り上げることとする．

　オリバーは「障害に関する社会理論を展開する試みにおいては，イデオロギーの問題を無視することは不可能である」と主張する．（Oliver 1990）．また「ここで言うイデオロギーとは，社会的実践を支える一連の価値観や信念のことであり，それが労働過程であれ，医療介入であれ，福祉サービスの提供であれ，その社会的実践を特徴づけるものであ」るとも言う（Oliver 1990：Chapter 4）．また，オリバーは再三主張しているが，障害者を労働の過程と社会関係から排除したのは資本主義の台頭が理由である．さらに，オリバーはカール・マルクスを援用した上で「個人は常に存在していたが，家族，氏族，共同体など，より大きな社会的集団の一部としてのみ存在していたのである．孤立した私的な個人が歴史的な舞台に登場したのは，資本主義の台頭によるものであった」と続ける（ibid.）．「資本主義経済の要件は，個人が自分の労働力を自由な市場で販売することであり，そのためには，家族や集団の関与の産物としての労働という集団主義的な概念からの脱却が必要であった」．それは，オリバーを踏襲すれば「個人をイデオロギー的に構築することにほかならない」のである（ibid.）．私的個人を登場させ，障害者を労働市場から排除した資本主義の急伸は「社会秩序と社会統制の問題を捉える，あるいは構築する新しい方法を必要とした」と言う（ibid.）．この社会秩序と社会統制の問題の解釈や構築のための新しい方法として登場したのが，身体である．オリバーは，フーコーの議論を引いた上で次のように論じる．

　　この一連の問題の中で，「身体」——個人の身体と集団の身体——は，ただ希少な者と多数な者，従順な者と反抗的な者，富める者と貧しい者，健

康な者と病気の者，強い者と弱い者の間だけではなく，利用しやすい者と
そうでない者，有益な投資に適した者と適していない者，生存，死，病気
の見込みが大きい者と小さい者，有用な訓練を受ける能力が高い者と低い
者との間に生じる新しい変数の担い手として現れる（Gordon 1980：172）．

　「この議論を障害に関連づける際に重要なのは……，新しい機械を操作する
身体的能力や，工場が課す新しい労働規律に服従する意思を持つ『健常者』
『健常な精神（“able-minded”）』の個人という構図」である（Oliver 1990：Chapter 4）．フー
コーとオリバーの議論をまとめるならば，新しい機械を操作する身体的能力や
工場が課す新しい労働規律に服従する意思を持たないだけでなく，利用しにく
く有益な投資に適さず，有用な訓練を受ける能力が低い者の身体として，障害
者の身体は存在するのである．そして，イデオロギーとの関係で言うならば，
「個人主義という核となるイデオロギーが，障害者を健常者と健常性（able-mind-
edness）[12]のアンチテーゼとして，また，障害を特殊な問題として医療化する，イ
デオロギー的構築を生み出しているのである」（ibid.）．

　オリバーは「障害が個人の問題として，どのように考えられるようになった
かは，フーコーの……，特に狂気に関する……仕事（Foucault 1965）を参照するこ
とで理解できる」と言い，ポール・ハーストとペニー・ウーリーのフーコーに
関する「『狂気』が個人の病理であり，否定的な現象であり，改善されるべき
欠陥であるという考えそのものが，フーコーの研究の対象であ」り「この狂気
という概念は，……意図しない複雑な社会的産物であり，精神医学の基礎を形
成したのである」という要約を引く（Hirst and Woolley 1982：165）．オリバーが言う
「狂気に関するフーコーの仕事」とは『狂気の歴史』を指している．ここで少
しだけ回り道をするが，フーコーの議論における狂気を障害に置き換えるため
に『狂気の歴史』に紙幅を割こう．

　フーコーは「十七世紀のなかばごろ，狂気が人間によって統制される前まで，
狂気のために古い祭式が復活される前までは，狂気は文芸復興期のあらゆる主
要な経験と頑固に統合されてきたのである」と述べ，実在した阿呆船とニュル
ンベルクの例を挙げる（Foucault 1972＝2020：26-29）．

　当時，狂人は容易に放浪しうる生活をいとなんでいた．都市は狂人を市域

の外に放逐しがちだったし，ある種の商人や巡礼たちに預けられなかった場合，彼らは人里はなれた野を自由にさまようことができた．……ニュールンベルク（原文ママ）のような他の都市の例もある．それらの都市はたしかに巡礼地ではなかったが，その都市じたいが生みだすよりはるかに多数の狂人を集めている．彼らは都市の予算によって生活費をまかなわれ宿泊所をあてがわれるが，すこしも治療をうけていない．……ある種の重要な都市——交通および商取引の要地——では，相当な人数の狂人が商人や船頭に連れてこられ，出身地の町をみずからの存在で浄化し，連れてこられた先で「放たれた」のだと考えられるだろう (ibid.: 27-29)．

　文芸復興期には絵画や文学作品のあらゆるところに狂気が存在し，それが「人間を魅了」していた (Foucault 1972=2020 : 41)．その潮目に変化が生じたのが古典主義時代だと，フーコーは言う．「十五世紀の地平に登場した狂気の非常な威嚇はやわらぎ，……かつて自由な奴隷状態たる〈阿呆船〉が縦横に行きかっていたそうした世界は人々に忘れさられ」たのである (ibid.: 64-65)．古典主義時代は，狂気を「異様な権力的強制によって静めるようになる」(ibid.: 73) が，フーコーによるならばその契機は，1656年のパリにフランス国王ルイ14世が設立した一般施療院である．一般施療院は医療施設ではなく「裁判所とは別個に，……既存の権力機構とならんで，決定し，裁定し，施行するところの，なかば司法的な組織，行政上の一種の本体である」と言われる (ibid.: 78)．そして，フーコーは次のよう続ける．「〈一般施療院〉は，法の限界において治安と司法のあいだに国王が樹立した異様な権力，つまり抑圧の第三団体なのであ」り，「ピネルがビセートルやラ・サルペトリエールの各施療院で見つけた精神錯乱者たちが属していたのは，こんな世界である」(ibid.)．

　狂気と障害は全く同じというわけではないにしても，読み替えは可能であると考える．オリバーが何度かくり返しているように，障害者が排除の対象となったのは資本主義の台頭以後のことであり，大まかに言えば18世紀に入ってからである．「それ以前の個人の貢献は，家族，共同体，集団に対する労働であった」と，オリバーは言う (Oliver 1990 : Chapter 4)．もちろん，個人の貢献には程度の差があったが，基本的に個人が排除されることはなかったとされている．

これは，狂気についても同様である．フーコーにしたがえば，専門の収容施設が設立される以前にも狂人として病院に受け入れられる人々もいれば，「各都市はその市民に属している狂人にかぎってその面倒をみることを承諾していたと，推定できる」(Foucault 1972＝2020：28)．病院に受け入れられた狂人を社会から排除された者と考えることは可能であり，その解釈が曖昧なのは事実だろう．しかし，のちの一般施療院とは異なり，病院にいる狂人は治療の対象であった．どのような状態を指すのか分からないが，治癒した狂人は病院を出る可能性がある以上，彼らが完全なる排除の対象者だとは断定できない．ましてや，各都市で面倒をみるとされた狂人は，その都市という社会のなかにいたのだから排除されたのではない．狂人にも居場所があったのである．

　狂人に対する処遇が変化したのは17世紀だったが，障害者に対してはそれが18世紀だったということである．資本主義社会のもとで障害は個人の病理となったと，オリバーは言う．個人の病理としての障害という考え方は，個人の健常性 (able-bodiedness) という考え方があって初めて可能になるものであると主張するために，オリバーは精神医学に関してフーコーに寄せながら，以下のように論ずる．

　　フーコーにとって，組織化された専門的活動としての精神医学は，(i)狂気が多様な社会的評価の集合から病理学という一様なカテゴリーに変容した時，そして(ii)狂人が通常の社会生活から排除されて専門家の領域で孤立したときにのみ可能となる．この議論の中心は「非-狂気」という考えなしに，狂気というものは存在し得ないということである．もう少し乱暴に言えば，理性は非-理性なしではあり得ないということである (Oliver 1990：Chapter 4)．

　これを障害に置き換えると，次のように言うこともできるだろう．すなわち，組織化された専門的活動としての医学（またはソーシャルワーク）は(1)障害が多様な社会的評価の集合から病理学という一様なカテゴリーに変容したとき，[13]そして(2)障害者が通常の社会生活から排除されて専門家の領域で孤立したときにのみ可能となる．この議論の中心は「非-障害」という考えなしに，障害というものは存在し得ないということである．もう少し乱暴に言えば，健常は障

害なしではあり得ないということである．オリバーの見立てでは，これら二つ
の事柄が生じる契機となったのが資本主義の急伸であり，それは労働に適した
身体であるか否かで，個々人を健常者と障害者に識別する端緒の一つにもなっ
たのである．

　さらに，オリバーは障害が個人の病理となり医学化されたことは，20世紀に
おける社会の医学化の一部だと考えている．医学は，以前なら道徳的あるいは
社会的な起源とみなされていたであろう，さまざまな状態や問題を定義し治療
する権利を獲得したのだとニック・マニングとオリバーは論じる (Manning and Oli-
ver 1985)．オリバーは障害の医学化に疑いの余地はないと言いつつ，それによっ
て多くの障害者の生存率が上がり，寿命が延び，また，いくつかの障害状態
(disabling conditions) が根絶されたことで，彼らに大きな利益がもたらされた事実は
あると認めている (Oliver 1990：Chapter 4)．よって，障害の医学化を完全に否定し
ているわけではないが，やはり医学的な障害モデルは臨床診断に過度な重点を
置き，その性質上，障害者を部分的かつ抑制的に捉える運命にあると批判する
(ibid.)．それだけでなく，そもそも「障害の医学化 (medicalisation of disability) という問
題を説明しようとした論者がほとんどいない」と批判を重ねる[14]．その数少ない
批判者であるフィンケルシュタインは，以下のように主張する．

> 病院という環境は，看護師，理学療法士，作業療法士，ソーシャルワー
> カー（医療ソーシャルワーカー），カウンセラーなどの開発を促進し，養
> 老院，アサイラム，慈善施設は，隔離への動きを確実に成功させた．病院
> における……医療行為の発展は，身体的障害を持つ人々の生存数を増加さ
> せ，障害者と施設との結びつきを強めると同時に，その分野における医療
> 支配を促進したに違いない[15] (Finkelstein 1980：8)．

　このフィンケルシュタインの見解にオリバーは理解を示しつつも，次のよう
につけ加える．

> 病院を基盤とした医療の確立と成功から生じた医療化（フィンケルシュタ
> インの用語では医療支配）は，物語の一部に過ぎない．この病院を基盤と
> した医療自体が，新しい資本主義社会秩序の中で，人々を分類し管理し，

労働者と非労働者を区別する必要から生じたからだ．したがって，障害の医学化は，このような広い社会的プロセスの一部として歴史的に起こり，医療専門職が資本主義のもとで自ら達成することができた戦略的地位なのである（Oliver 1990：Chapter 4）．

　障害の医学化を進めたのは病院を基盤とした医療一つだけではない．もう一つ大きな要因があり，それがリハビリテーションだとオリバーは主張する．「元来，（筆者補足：リハビリテーションは）人々を生産的で社会的に有用な人間に変える（あるいは戻す）ために開発されたもの」であるため，「プログラムが身体主義的で，ほかの個人的・社会的要因を軽視している」（Oliver et al. 1988）という欠陥がある．さらに言うならば「個人を正常な状態に戻すという目的は，リハビリテーションの機関全体が構築されている中心的な礎石であ」り「脊髄損傷後の私（筆者補足：オリバー）に起こったように，障害を治すことができない場合であっても，規範的な前提は放棄されない」のである（Oliver 1990：Chapter 4）．そして，リハビリテーションの最大の目的は「その人が『可能な限り普通』（"normal as possible"）になるように支援することだ」と，オリバーはくり返し強調する（ibid.）．つまり，生産的な労働者として社会に貢献することが「普通」の人間だという前提が障害の医学化を促進したのである．逆を言えば，賃金労働ができない，非生産的で「異常な」個人がいなければ，リハビリテーションを含む医療専門職は自らの地位の確立ができなくなる．彼らにとってみれば，各々が労働することで何かが生産され，経済が循環する社会こそが疑いなきものだ．その社会に順応するのが人間である．医療専門職からすれば，このような規範的前提を覆すように「障害は，ある特定の人間を排除し，その者たちに押しつけてきた不利益だ」と主張する社会モデルの方が，狂気の沙汰かもしれない．

　家族や集団から孤立した個人を生み出し，健常（者）と障害（者）を識別する構造の誕生を，オリバーは資本主義の台頭に見出した．一人ひとりが労働者となり，身体に着目し生産性の概念で個々人を区別する社会が，資本主義の社会である．それにより，生産性が低い（もしくはない）異常な個人を正常化する必要が生じた．この個人の身体に介入してきたのが医療関係者であり，彼らと資本主義という社会の枠組みの双方がインペアメントを障害と捉え，それを

個人化した．オリバーの議論は，このように要約できるであろう．だからこそ
オリバーは，モリスやクロウらからインペアメントの軽視という批判を受けて
も，あまり意に介さなかったのだろう．それへの注目が障害の個人化と医学化
を招くということを論証したのが，オリバーなのだから．

　しかし，このオリバーの主張を踏まえても，あるいは，社会モデルは障害者
の身体と社会の状態との因果関係を断ったのだという，かつてのトム・シェイ
クスピアの主張（Shakespeare 1992：40）をひとまず受け入れたとしても，社会モデル
も障害の個人化から脱していないという批判（Tremain 2001, 2002, 2017）には意味があ
ると筆者は考える．したがって，次節は再び多少の回り道かもしれないが，ト
レメインの議論を概観するとともに，それに対する既存の論点以外からの批判
を少しだけ展開していく．

４．ディスアビリティ化されたインペアメント

　トレメインによるなら，少なくとも初期の社会モデル論を含め「障害学の分
野では，一般に『インペアメント』という用語は，現代の生物医学が知と理解
を正確に表現できる，客観的で歴史と文化を超越した実体を指すと考えられて
いる」（2001：617）．だが，「ディスアビリティの根底にあり，自然なものだと思
われているインペアメントはそれ自体，ある主体の自己理解と自己認識に組み
込まれ，行政政策や医学・司法的言説あるいは文化的表象などによって作り
上げられる，知／権力の産物として同定されるべき」ものなのである（Tremain
2017：93）．このような立場を採るトレメインは，インペアメントとディスアビ
リティの定義について，基本的に UPIAS のそれを踏襲し「インペアメントは，
物理的な身体の特徴の説明にほかならず……，無力化（disablement）は身体と何の
関係もない」（Oliver 1996：35）と捉えたオリバーとは異なる解釈をしている．ト
レメインは「インペアメントのある身体」そのものが，医学的・臨床的言説に
よって歴史的に構築されてきたと見る．また，そのような身体をほかとは異な
る「異常」なものとして位置づけたのが18 世紀の生―権力だとするフーコー
（Foucault 1975＝2020）の主張を支持する．さらに言うならば，トレメインが推奨す
る「障害への歴史的アプローチは，身体の物質性を否定するものではなく，む

しろ『身体（"the body"）』の物質性はそれを存在させる，つまり，そのような
ものとして存在させる歴史的に偶発的な実践から切り離すことができないと想
定している」(Tremain 2001：621). それゆえ，オリバーのように「『インペアメン
ト』という用語が価値中立的である，つまり『単に記述的』であると示唆する
ことは……政治的に素朴に思える」と批判的に論じる (Tremain 2001：621).

　トレメインの見解では，少なくとも初期の社会モデルが想定してきた「自然
なインペアメント」をめぐる問題は「自然なセックス」をめぐる問題と同様に，
「身体の非歴史的（生物学的）事項として言説的・具体的実践の中で循環し」，
「前言説的 (prediscursive) な，つまり政治的に中立な，与えられたものにとどまっ
てきた」(Tremain 2001：623). トレメインはこの二つが同じように構築されてきた
と見て，ジュディス・バトラーのセックス-ジェンダー論を参照する. バト
ラーは「『セックス』のカテゴリーは，ジェンダー化されたカテゴリー (gendered
category) にほかならず，完全に政治の色に染まり，自然化されてはいても自然で
はない」と論ずる (Butler 1990＝1999：202). そうであるならば，セックスとジェン
ダーの間に，実際は存在論的な区別がないということにある. その上で，トレ
メインは「バトラーが説明するように，『セックス』を考えるためにはジェン
ダーが必要であるため，セックスとジェンダーの区別が想定するように，
『セックス』というカテゴリーがジェンダーに先行するものとして考えること
はできない」と言う (Tremain 2001：629).

　この議論をインペアメントとディスアビリティに読み替えると，次のように
言えよう.「インペアメント」のカテゴリーは，ディスアビリティ化されたカ
テゴリーにほかならず，完全に政治の色に染まり，自然化されてはいても自然
ではない. そうであるならば，インペアメントとディスアビリティの間に存在
論的な区別はなく，「インペアメント」を考えるためにはディスアビリティが
必要であるため，インペアメントとディスアビリティの区別が想定するように
「インペアメント」というカテゴリーがディスアビリティに先行するものとし
て考えることはできない. 言い換えるなら，ディスアビリティがなければ，イ
ンペアメントは問題視されなかったということになるはずである. これまで参
照してきた議論から分かるように，オリバーに限ったとしても，インペアメン
トが障害の本当の問題だとは言っていないし，インペアメントそのものを問題

にもしていない．また「社会モデルの用語では，インペアメントはディスアビリティと同等ではなく，またその原因でもない」はずなのである (ibid.：630)．だからこそ，社会モデル（論者）は(1)無力化はインペアメントの必然的な結果ではない，(2)インペアメントはディスアビリティの十分な条件ではない，と主張してきた (Shakespeare [2006] 2014：75)．だがトレメインによるならば，社会モデルにはこれらに加え，第三の暗黙の項がある．(3)インペアメントはディスアビリティの必要条件である，というものだ (Tremain 2001：630)．その理由として，トレメインは「幼児期や児童期に手術で『矯正』された」インターセクシュアルの人々には，『障害者』("disabled") の資格がなく，「『インペアメント』("impairment")を持っている，あるいは持っていると推定される人だけが，『障害者』("disabled") としてカウントされる」点を挙げる (ibid.：630-631)．すなわち，常にすでにインペアメントがディスアビリティになっているのである．さらには「歴史的に特異な政治的言説（すなわち生-権力）の効果 *(effects)* として，インペアメントは，（たとえば）人間の機能と構造，能力，知性，能力に関する文化的に特異な規定規範と理想をくり返し，反復することによって，主体の普遍的属性（特質）として実体化される」と，トレメインは論じている (Tremain 2001：632)．個人的なインペアメントがそのままディスアビリティだと見なされるというのであれば，当然のことながら，ディスアビリティも個人的なものと見なされることになろう．インペアメントが常にすでに個人化されているからには，簡単にインペアメント＝ディスアビリティという等式が成り立ち，インペアメントの個人化を通して，ディスアビリティの個人化を引き起こすのである．したがって，ここから導き出される結論は，社会モデルも結局のところ，批判していたはずの障害の個人化からは逃れられていないということである．

　トレメインのこのような主張に対しては，主として身体の生物学的側面の重要性の軽視という批判 (Hughes [2005] 2015；Siebers 2008；Scully 2008)，実践性の欠如といったそれ (Shakespeare [2006] 2014) が挙げられている．しかし，トレメインは身体の物質性や生物学的側面があることを否定しているわけではない．また，ジャッキー・スキャリーは「身体は話す前か，それについて話される前にある」と主張する (Scully 2008：12)．しかしトレメインは，その身体がいかに所与のものとされてきたのかを論じたのであり，「身体の再記述と変化は『前言説的』

な物質的制約それ自体によって決定されるわけではない．むしろ，どのような方法で具体的な身体の再記述と変容が起こるかについてさえも，常に身体の歴史的に偶然の概念によって制限されていると主張する (Tremain 2015：34)．つまり，身体は常にすでに歴史や言説の影響を受けており，言説より前に物質化されて「ある」ようなものではないのである．一方，トレメインの議論が言説の力を過大視し，実用性に欠けるというシェイクスピアの指摘は，誤りではないだろう．既述したものとは別に，オリバーも「障害の社会モデルは……実用的な道具である」(Oliver 2004：11) と重ねて主張している．だが，この点について，トレメインが特段の応答をしている論述は見つからない．

　筆者はオリバーやシェイクスピアよりも，トレメインの議論に全面的に賛同していることをはっきりと表明する．その上で，トレメインに対しての批判を一つだけ挙げる．

　言うまでもなく，トレメインの議論の根底にあるのはフーコーのそれだ．トレメインは，オリバーを含めた，ほかの障害の理論家や研究者とは異なり「法律的-言説的」("juridico-discursive") な権力だけを，つまり抑圧的な権力だけを権力とは捉えていない．それは「フーコーに倣って，私は，権力とは……統治 (government) の問題であると仮定」し，「権力が抑圧的に見えるにもかかわらず，権力の行使は，行為の可能性を導き，起こりうる結果を秩序立てることにある」と述べている点からも明らかだろう (Tremain 2001：622)．加えて，以下のようにも論じる．

> 法律的権力 (juridical power) は，主体を禁じ統制することによって純粋に否定的（抑圧的）な言葉で政治的な生活を規制するように見えるが，実際には，主体の自由の行使と一致するように見える方法で，彼らの行動を導き，影響を与え，制限することでそれを統治していることを想起してほしい．このような構造に服従することによって，主体は事実上，構造の要求に従って形成され，定義され，再生産されるのだ (ibid.：630)．

　フーコーに倣うならば「統治とは，強制を行う技術と，自己が自己自身によって構築，変形されるプロセスとのあいだにある，相補的関係と争いとをはらんだ，常に不安定な均衡状態」を指す (Foucault 1993：204)．すなわち，ただ抑圧

的なものに服従するだけでなく，自発的な意志によって自らをつくり上げていくことが統治だと言えるはずである．トレメインがフーコーの統治の用法を踏襲するならば，障害者はインペアメントとディスアビリティを個人化するような，この社会の構造に服従するだけの存在にはならないはずだ．しかし，トレメインの議論は統治の「強制を行う技術」の批判にとどまっていると読める．言い換えるならば，オリバーが障害者を「インペアメントをもっており，それゆえ抑圧を経験する」者とし (1999：2)，UPIAS が「身体障害は，社会的抑圧の特殊な形態である」としているのと同様に，トレメインも障害者は抑圧されるがゆえに自律的な存在ではないと見ているのではないだろうか．

　先に述べたが，筆者はトレメインの社会モデル批判の意義は大きいと考えている．トレメインを支持するからこそ，障害者は規律的な権力に服従するのみで自律的な主体になることはできないのかという問いが生じるのである．よって，次章以降はこの問いを念頭に議論を展開していく．

注

1　前者は，国土交通省「心のバリアフリー／障害の社会モデル」を，後者は内閣府「平成29年度版障害者白書」をそれぞれ参照した.

2　杉野のこの解説については，PDF 版の「アメリカ障害学の原点」を参照して引用した.

3　社会モデル（を含めた障害学）は，英国型とゾラを中心とする米国型に大別されるというのが通説的である．だが，特段の断りがない限り「社会モデル」と言えば，国内外を問わず前者を指すことが多い．本章ではオリバーの議論を検討することもあり，英国型のみを対象とする．なお，日本で英国型と米国型社会モデルを区別した上で論じているものとしては，杉野（2007）や川越敏司ほか（2013）が挙げられる.

4　例外的に，桐原尚之（2013）がオリバーのこれら二冊を区別した上で，少しだけ内容に言及している．加えて，杉野は，日本の障害学における関心が「圧倒的にイギリス障害学に偏っている」と指摘した上で（杉野 2024：53），米国のそれへの関心が薄い一つの理由として「公民権運動という大きな枠組みのなかに障害学があるという」米国の事情に因るのではないかと述べる．そして「公民権運動の理解なくして障害学を理解できないし……，公民権運動がない日本においてアメリカの障害学を活用するためには工夫が必要になるだろう」と続ける（杉野 ibid.：65）．大方，杉野の指摘は当たっているのだろうが，日本に「公民権運動がない」とまで言えるかどうか，筆者には疑問が残る（たとえば，松田 2021）.

5　下線部はオリバーとサーペイによる強調で，原文はイタリックに変更されている.

6 原文では able–bodied normalcy と記されているものを，筆者が意訳した．

7 「障害は病気ではない」から障害者は病人ではないし，ひとまず犯罪（者）でもない．フーコーは「犯罪でもなく，病気でもなく，異常なもの，異常な人物」に対して，正常化＝規範化の権力が介入すると論じる（Foucault 1999＝2002：47）．

8 さらに言えば，オリバーは「社会モデルは障害の社会理論ではない」とも述べており（Oliver 1996：52），コーカーも，この主張に同意している（Coker 1999：629）．

9 FPD におけるディスアビリティの捉え方や UPIAS の問題提起についての検証は，田中耕一郎（2016）が詳しい．

10 1990年に英国で出版された後，2006年になって邦訳（三島亜紀子ほか訳『障害の政治──イギリス障害学の原点』明石書店）が出ているが，本書での訳文は筆者自身によるものである．また，本文の必要箇所は University of Leeds Centre for Disability Studies の *The Disability Archive* からのダウンロードで入手した．この PDF 版にはページ数が記載されていないため，本書でもここからの引用に限ってページ数は無記載のままとし，代わりに Chapter 4 と記す．

11 明石書店のホームページを参照．

12 辞書的な意味やほかの論文で用いられている訳とは異なるが，本文の意味を考えてこのように意訳した．

13 たとえばオリバーは，あるアマゾンの部族は，部族全員が手話を使うことができたため，聴覚障害者は完全に社会的に包摂されていたことを発見した例を挙げている（Chapter 2）．つまり，この部族のなかにおいて，聴覚を失っていることは障害ではなく，病気でもないのである．

14 オリバーは，障害の医学化という言葉を用いても「障害の医学モデル」なるものは存在しないと述べている（Oliver 1996：31）．オリバーが社会モデルに対置するのは個人モデルであり，そこには障害の心理的・医学的側面を含むが，あくまでも「障害の医学化」は個人モデルの構成要素の一つであるとしている．

15 下線部はオリバーによる強調で，原文ではすべて大文字で記されている．

16 原文はイタリックで記されている．

17 邦訳は箱田徹（2013：173）より引用．

第 2 章

服従する主体と自律的主体──フーコーの主体論

　序論で述べたように，服従するだけでない障害者の主体（化）を追究するのが本書の目的である．この目的のためには，先に主体化について言及しておく必要がある[1]．そこで 2 章では，筆者が依拠するフーコーの主体（化）論を，本論で必要な点に絞って取り上げる．

　小泉も述べているが (小泉 2016：6)，フーコーの議論の方向については二つの捉え方があると言える．一つは権力論から主体論への移行，すなわち権力論と主体論は切り離され，フーコーには「前期」と「後期」があるとする説だ．もう一つは，権力論と主体論は切り離されてはおらず，前期と後期には連続性があると見る説だ．前者の立場を採る者としては，酒井隆史 (2001) や廣瀬浩司 (2011) がいる．また，明確に記されてはいないが，武田宙也は告白における「服従化のための真理」と「主体化のための真理」は異なるものであると捉えている (武田 2014：182)．服従化としての主体化と自己形成としての主体化では，「真理」が別様に働くとし，両者の違いを「主体と真理との関係様態の違い」だと述べる (同書)．したがって，武田は「真理」の違いによって，前期と後期のあいだには違いがあると示唆していると読める．反対に後者の立場を採る論者として，小泉のほかに箱田徹 (2013) や，セバスチャン・ハラー (2005) が挙げられる．また，フーコー自身も「私の研究の主題をかたちづくっているのは，権力ではなく主体なのです」と宣言している (Foucault 1982＝2001：11)[2]．そうであるならば，やはりフーコーにおける権力論と主体論には，連続性があると解釈するのが妥当であろう．本書は「何ものかに服従しながら」も，自分自身を支配する障害者の主体化を探るという目的のために，必然的に後者の立場にいると[3]明言しておく．フレデリック・グロの言葉を借りるならば，障害者の主体化は「服従化の手続き」(Gros 2001＝2004：587) という側面のみが強調されてきたと言え

るが，筆者はそれに疑問を抱いているからである．

　加えて，ハラーはフーコーの分析にしたがうなら，師が弟子に対して行う「教育のプロセスは，本質的に禁欲的な訓練を伴うものであり，しばしば，師の警戒した目（あるいは想像上の視線）の下で現実の状況を先取りして演じるという観点から説明」可能であることを挙げる (Harrer 2005：94-95)．新たな自己の主体化は，自己鍛錬を通じて，主体が自分自身に対して超越的な位置を獲得することによって成される．それは，フーコーの分析を踏まえたハラーによるならば，「師の視線を内面化した主体」が「自己修練を行うことで」達成される．師の視線を内面化するということは，自己による自己監視である．ゆえに「自己修練に携わる主体は，今や自分自身の監督者となっている」と，ハラーは論じる (ibid.：95)．監督者の在不在にかかわらず，その視線を内面し，自らそれに沿った行動をとるということは『監獄の誕生』で論じられていた点であり，これにおいてハラーは権力論と主体論の連続性を見出しているのである．この視線の内面化については，のちのパラリンピック選手における新たな主体化を取り上げる 6 章で，より具体的に検討する．

　本章では「自己自身による自己自身の変容[4]」(廣瀬 2001＝2004：618)と言うことができるであろうフーコーの主体化をひも解いていくが，まずはルーヴァン大学における講義録『悪をなし真実を言う』から，服従化＝主体化であることをおさえておく．次に，コレージュ・ド・フランスの講義録『主体の解釈学』と『真理の勇気』（および両書に収められている，グロによる「講義の位置づけ」）を用いながら，自己変容による，服従（化）ではない主体化について概観する．

1．告白という服従

　上田和彦によるならば，そもそも人間は「個人」になりたいと願っている．そして「真の個人になること」が「主体化」であり，それは「ある一定の期間，それも西欧の歴史のなかで長きにわたって，隷従化と同時にしかされなかった」(上田 2019：128)．その「個人になる」ための手段が告白だとされる．フーコーの言葉を用いるならば「真実の告白は，権力による個人の形成という社会

的手続きの核心に登場してきた」ということになる (Foucault 1976=1986：76). ここに, 告白とは何かという問いが浮上する. フーコーは告白を「とても特殊な一種の宣誓」であると, まずは述べる (ibid.：2012=2015：27).「話す者は, 自分が述べたとおりの者であると宣誓」し,「権力を受け入れ, 従う」だけではなく「主体を本人が主張したことがらと結びつけながらも, 語られたことがらとの関係で主体をそれまでとは違ったように性格づける」. たとえば「愛の告白は, 違ったやり方で愛しはじめる」ことであり,「愛しているだけでなく, 公然と愛する」ようになる作用を, 告白は持っているのである (Foucault 2012=2015：28-29). さらに「告白は, 西洋世界においては, 真理を生み出すための技術のうち, 最も高く評価されるものとなってい」き, 西洋の社会は「異常なほど告白を好む社会となったのである」とフーコーは述べる (ibid.：1976=1986：76-77).

　このように, 西洋文化全般にとって極めて重要なものである告白は, キリスト教の登場とほとんど同時に始まったとフーコーは言う. また自分自身の真理を探し, 読解し, 自分以外の誰かに対して, その真理を示すという三つの義務がキリスト教の最も基本的な特徴の一つであるとされる (ibid. 2012=2015：143-145). 告白や真理に対する義務とも関わる, キリスト教の歴史において重要なこと, それが自己をめぐる真理陳述 (véridiction) である. フーコーによるならば「告白は真実を述べる奇妙なやり方」であり, さらに「誰かが『真実を言う』とき, その……主張と, 真実を言う行為[5]」は, 区別しなければならない. この「真実を言う行為」を, フーコーは真理陳述と呼ぶ (ibid.：32).

　キリスト教における真理陳述に着目したフーコーは, 教会の悔悛でのそれと[6], 四世紀から五世紀にかけての修道制での真理陳述をそれぞれ区別する. ひと言で言うならば, 悔悛とは「文字どおりの『苦行＝自らを殺す行 (mortification)』」であり, 限定された場所で生活をし, 特定の食事や断食が行われるほか, 性交渉も禁じられる (ibid.：162-172). さらにフーコーにしたがえば, 悔悛の実践には告白や告解を含む. よって, 悔悛は真実を言う行為であって, なおかつ自己を殺す行為であるとも言える. 真理は自己を殺し, 自己を犠牲にすることによって初めて, 生み出されるのである (ibid.：168-173). すなわち, キリスト教の悔悛においては, 苦行を成し自分自身を死の世界に追いやることで, ようやく自己の真理が生まれると考えるのである.

それに対し，四世紀から五世紀にかけての修道制での真理陳述は別の形をとる．苦行が消失するわけではないが，真理陳述とより深く結びつくのは言語だと，フーコーは言う (ibid.: 174)．自己について真実を述べることは修道制の根本要素であると同時に，その告白の実践は「西洋文化における告白という大問題を導く」ものである (ibid.: 192-195)．

　修道制における自己の真理陳述が古代のそれと根本的に異なる点は複数あるが，そのなかでもフーコーがとりわけ重要と見なすのは他者との関係，それも他者への服従関係である．古代にも師弟関係や指導する者とされる者といった関係は存在したが，そこにはいずれ己を導く師を必要としなくなるという目標があり，終わりがあった (ibid.: 197-202)．ところが，修道制では「従順」という決定的な要素が導入された結果，古代の師弟関係は一変したのである (ibid.: 203)．他者への服従関係に終わりはなく，従うことそのものが目的であり価値であった．ここから導かれる重要な点は，「自らの内に……すべての支配者であるような誰かがつねにいるようにすること」であり，意志を滅却し自己を放棄することである (ibid.: 205-210)．そして，さらにこのことは「たえざる告白」を招くと，フーコーは言う (ibid.: 212)．

> 　古代では，語ることは師から弟子に向けて行われ，弟子は傾聴する立場にあるのに対し，修道制度……では，……従順であるために，話さなければならない．従うために従い，従順身分にとどまり続けるために，話さなければならない．自己について話さなければならない．……自己の真理陳述，自己の「真実を言う」ことが，他人との権力関係に自らを縛り付けるのに欠かせない条件となる．他人のほうが聞き役に回り，服従する側が話をする．……ここに根本的な亀裂があると思います (ibid.: 212-213)．

　この点についてのフーコーの考え方は，別のところで「主体自身によって言説が生産され，この言説において主体自身の真理が読みとられるべきものとされているということ，このことこそが私たちの服従の主要な形式のひとつである」と表されている (Gros 2001＝2004: 570)．

　したがって，ここに服従する主体とでも呼ぶことができるものが誕生するのである．少なくとも，フーコーが参照した時代のキリスト教では，自己につい

て間違ってはならないとされる (Foucault 2012＝2015：228). それゆえ, 自己について
錯覚したり, 自己に関して質の悪い思いをしたりせぬよう「はっきり声に出し
て誰か他人に語るという」(ibid.：227) 告白が, 自己の良心の判別に必要なので
ある. 語ることで指導者から助言を得られるが, フーコーによるならばそれは
副次的なものである.「自分の奥底になにが隠れているかを発見する」という
「自己の解釈学」にとっては, 告白そのものが意味を持つ (ibid.：223-227).「自分
の奥底になにが隠れているかを発見する」ためには, 服従する主体でなければ
ならないのである.

2．服従から自己への配慮へ

　前節の内容からも分かるように, フーコーによるならば, そもそもキリスト
教の影響を受ける近代の西欧における主体は, 告白による他者への服従化 (assu-
jettissement) によって主体化されていた. 他者に対し自己自身の真実を話すという
告白, あるいは「際限のない内省」(Gros 2001＝2004：570) によって, 主体は真理に
結びついていたとされる. 別の言い方を借りれば「主体は, 己についての〈真
理〉(ほんとうのこと) を語ることで, 主体に『なる』の」である (箱田 2013：69).
つまり, 主体が主体化するには, それが真実であることが必要だった. だが,
グロによれば, フーコーは「主体が真実であるためには他の方法もあるだろう
と……予感していた」(Gros 2001＝2004：570). そのための他の方法, すなわち別の
仕方の主体化を探るべく, フーコーが取り上げたのが, 真理に到達する手段の
一つとされるギリシアの「自己への配慮」(epimeleia heautou) 概念である.
　フーコーは, 自己への配慮の始まりをプラトンの『アルキビアデスⅠ』に見
るが, ソクラテスを「自己への配慮の人」だと見なす (Foucault 2001＝2004：11).
フーコーは自己への配慮について「自分自身の世話をする」,「自分自身を気に
かける」ことだと, まずは簡単に説明する (ibid.：5). その上で, これには大き
く三つの点が含まれると言う (ibid. 2001＝2004：14-15).「自己への配慮」とは, 第一
に「一般的な態度……他者との関係を取り結ぶ, そのやり方……自己や他人,
世界に対する態度」である. 第二に「視線の一定の形式……自身の視線を向け
変え, ……視線の方向を外部, 他者, 世界から『自己』へと向け変える必要が

ある」というものである．第三に，特に「epimeleia はまた，いくつかの行動，ひとが自己に対して行なう行動，自己の世話をし，自己を変え，自己を浄化し，変形し，変容させる行動を指す」ものである．しかし，この自己への配慮は「忘れられ，古代の文化において千年近くのあいだそれが占めていた地位が抹消されてしまった」とフーコーは述べる (ibid.：18)．そして，自己への配慮が忘れられた最も重要な理由を，フーコーは自身が「デカルト的契機」と呼ぶもの[8]に見出している．デカルトの言う主体とは「私の主体としての存在の不可疑性」(ibid.＝2004：18) という自己認識によって，「あるがままの存在において，真理に到達できる」ものとされた (Gros 2001＝2004：584)．言い換えれば，主体としての己は確固たるものだという認識があり，私という存在に疑いの余地はないと見なしたのがデカルトである．さらにフーコーが言うところでは，デカルト以来の哲学全般が「内在的に真理を受け入れる能力を持つ (capable de vérité) 者」として主体をつくり上げた (ibid.：583)．つまり，近代の主体は不動で不変的なものであるとされていたと解釈できる．これに対してフーコーが参照する古代の主体は，そのあるがままの存在では真理への到達がかなわない．それゆえに「主体が真理に到達するために必要な変形を自身に加えるような探究，実践，経験」が求められる．この探究，実践，経験の総体を，フーコーは「霊性」と称する (Foucault 2001＝2004：19)．また，フーコーは次のように述べる．

> 霊性が原理として立てるのは，主体にはその正当な権利として真理が与えられるわけではない，ということです．……真理に到達するための権利を得ようとするなら，主体は自らを修正し，自らに変形を加え，場所を変え，ある意味で，そしてある程度，自分とは別のものにならなくてはならない．霊性はこう主張するのです (ibid.：19)．

「主体は自らを修正し，自らに変形を加え，……自分とは別のものにな」ること，これはまさしく自己への配慮そのものである．フーコー自身も「〈自己への配慮〉はまさに，霊性の諸条件の総体，真理に到達するために必要な条件である，自己のさまざまな変形の総体を指し示してい」ると話す (ibid.：21)．

ところで，プラトンの『アルキビアデスＩ』における「配慮すべき自己」とは「主体としての魂」であるとされる (ibid.：67)．しかしながら，魂に配慮する

とはいったい，どのような意味なのか．『主体の解釈学』には，全体の約三分の一程度を割いているとされる『アルキビアデス I 』のフーコーの詳細な検討 (箱田 2013：180) があるが，本章の目的はフーコー論そのものの検討ではない．さらには「主体と真理との関係は，近代において決定的な変質を被ることになったが，古代においてもまた，それは決して一枚岩のものではなく，さまざまな様態的な変化（『自己への配慮』と『自己認識』とのせめぎ合い）を繰り返していた」とされる (武田 2014：144)．重ねてさらに言えば，フーコーは自己への配慮の三つの契機を取り出しており，その最初が上述のソクラテス（プラトン）なのである．次の契機は紀元後最初の二世紀で，フーコーの言葉では「自己自身への配慮の黄金期」と表されている．そして最後が，四世紀から五世紀にかけて起こったキリスト教的禁欲主義への移行である (Foucault 2001＝2004：38)．このなかでも特にフーコーが着目するのは「自己への配慮の黄金期」と評する紀元後最初の二世紀のヘレニズム，ローマ時代であるとされる (ibid.：95)．よって本章は，ソクラテス（プラトン）から離れ，ヘレニズム，ローマ時代の自己への配慮を取り上げたい．

　ヘレニズム，ローマ時代の自己への配慮は，「生存の全期間を通じて続く一種の要請とな」った (ibid.：147)．それは真理への到達が目標とされるが，生存の全期間絶えず求められる，到達すべき真理とは何なのか．管見の限り『主体の解釈学』においては，フーコーはそれを明示してはいないと読める．それゆえ，グロの言葉に依拠すると

> フーコーにとっての真理は，言説のおだやかな要素とか，遠くから聞こえる現実の正しいこだまなどではない．それは，この表現のもっとも正当でもっとも文字通りの意味において，生きる根拠（＝理由，理性）なのだ．つまり……，生存を生気付け，強化し，試練にかけるようなロゴス，要するに生存の真実性を検証するようなロゴスなのである (Gros 2001＝2004：591)．

　ここから分かるのは，自己への配慮の目的が生存の全期間を通じて生きる根拠，あるいは，生きる理由にたどり着くことにあるという点だ．すなわち，自己を変え，自己を浄化し，変形し，変容させる行動（＝自己への配慮）をとらなければ，生きる根拠や理由にはたどり着けないということなのである．では，

どのような実践を行えば，真理に到達することができるのか．フーコーは，その実践を「自己の自己に対する訓練としての修練」と呼ばれる「アスケーシス」と表現する (Foucault 2001＝2004：360)．アスケーシスは「自己による自己への働きかけ」であり (武田 2014：140)，「主体を真理に結びつけるひとつの方法なので」ある (Foucault 2001＝2004：362)．

　また，このアスケーシス＝自己に対する修練は，主体を掟に従属させる手段ではないとされている (ibid.：362)．近代人（「私たち」）は，「『主体は自分自身をどうすべきか』という問い」を，法や掟との関係で提起するのが「当たり前だと考えてしまって」いると，フーコーは論じる (ibid.：363)．フーコーは法（＝掟）という言葉を使用しているが，われわれ近代人は「自分自身をどうすべきか」すなわち「私自身がどうあるべきか」という問いを，たとえば異性愛や健常者の規範の範疇で考えていると，言い換えることも可能だろう．それゆえに，われわれ（近代人）は規範にしたがった，服従する主体となっているのである．それに対し，古代ギリシア・ローマの人々は「それ自体で究極の目的である主体の構成，真理の訓練を通した，真理の訓練による主体の構成を考えていた」(ibid.：364)．つまり，フーコーも述べているが，彼らは規範に服従する主体ではなかったということである．

　さらにアスケーシス，換言すれば，真理（生きる根拠，理由）に到達するための修練とは，個人が未来に対して準備することだとフーコーは言う．この未来，あるいは人生の出来事に対する個人の準備は「パラスケウエー」と呼ばれる (ibid.：365-366)．一言で表すならば，アスケーシスの目的は，パラスケウエーにあるということだ．フーコーは，以下のように要点をまとめる[9]．

　　古代ギリシア人にとって，そして古代ローマ人にとっても，アスケーシスは，完全で独立した自己の自己への関係を構成するという最終的な目標のために……パラスケウエー（備え，装備）の構成という目標を持っていました．……アスケーシスは次のように定義されます．それは，個人がこのパラスケウエーを形成し，……必要があれば強化できるようにするための手続きの総体……のことです．アスケーシスとは，〈真実を知ること〉(le dire-vrai) を可能にしてくれるものです．〈真実を知ること〉は，主体に

向けられたり，自分自身に向けられたりします．〈真実を知ること〉は主体の存在様態として構成されます．アスケーシスは，〈真実を知ること〉を主体の存在様態にするのです (ibid. = 2004 : 372)．

　「完全で独立した自己の自己への関係を構成するという」ことは，真理への到達を意味するだろう．これを踏まえて，フーコーの要約をまずはそのまま言い換えてみる．「真理に到達するための訓練は，真理への到達という最終的な目標のために個人が未来への備えを形成し，必要に応じてその備えを強化できるようにするための手続きの総体を指す．また，真理に到達するための訓練は『真実を知ること』を可能にするだけでなく，それを主体の存在のあり方にする」となる．言い換えるならば，「生きる根拠に行き着くための実践は，自らが生きる理由にたどり着くという最終的な目標のために，個々人が未来への備えをし，必要に応じてそれを強化できるようにするための手続きのすべてを指す．己が生きる理由にたどり着くための実践は，『真実を知ること』を可能にするだけでなく，それを自らの存在のあり方にする」のである．簡潔に言えば，主体は自らが生きる理由にたどり着くための実践によって「真実を知ること」ができるようになり，真実を知る／知っている存在になるのである．他方，同時に，とフーコーは続ける．「修練とは主体がみずから真実の言説となるようにしてくれるもの」であり，「主体はまさに真実を語ることによって変様させられる」(ibid. : 378)．キリスト教の修練が告白により，真実の言説において自己自身を客観化し自己を放棄するのに対して，ヘレニズム・ローマ期の自己の実践は真実の言説を主体化するという根本的な差異がある (ibid. : 378-379)．つまり，ヘレニズム・ローマ時代の自己への配慮に向けた実践とは，真実の言説を自分のものにすることなのである．それゆえに「自己への配慮の主体は，正しい行動の主体」なのであろう (Gros 2001 = 2004 : 590)．

　真実の言説の主体化としての修練に必要なものは「しかるべき方法で聴き，読み書きし，語ること」だとフーコーは言うが (Foucault 2001 = 2004 : 379)，ここでは本書ののちの議論にも大きく関わってくる「しかるべき方法で語ること」に絞って，その内容を確認する．キリスト教の司牧制においては，根源的なエクリチュール〈聖書〉のエクリチュールがあり，師の言葉もそれとの関係で秩序

づけられなければならないが，真理と救済に導かれる者も自分自身について真実を語らなければならない．くり返すが，これが告白や告解だとフーコーは説明する (ibid.: 411-412)．一方，古代ギリシアおよびヘレニズム・ローマ時代も，師の言説によって導かれる者が存在するという点は共通する．だが，真理に導かれる者が自己についてのそれを語る必要はない．真理を語る必要がないことから，そもそも何かを語る必要さえない．逆に弟子は黙っていなければならず，それだけで十分だとされた (ibid.: 412)．この時代の主体は，真理の主体になるために主体化しなければならず，それは真実の言説を聞くことから始まる．真理の主体となるべく，己に対して自ら真実を語ることができなければならなかったが，自分自身についての真理を語る必要はなかった (ibid.: 413)．これが，キリスト教の司牧制との大きな差異である．

　フーコーによるならば，弟子の役割は，根本的には沈黙していることであり「師の言説においてこそ，そして師の言説においてのみ真理全体がある」(ibid.: 414)．この師の言説が「パレーシア」(parrhêsia) 概念に関係するのである．語源的に言えば「率直であること，すべてを語ること」を意味するパレーシアだが (ibid.: 414)，フランス語への翻訳では「パレーシア」＝「率直な語り (franc-parler)」と訳すのが最も正確だと思うとフーコーは述べる (ibid.: 423)．フーコーは，沈黙することが義務であった弟子に対する，師の応答がパレーシアだと，まずは簡単に説明する．なぜならば，真についての師の語りが「その行為や教えの最終的な結果として，弟子において主体化された真実の言説となるために必要」だからだ (ibid.: 414)．さらにフーコーの言うところでは，パレーシアは「真実を語ることを含意している」(ibid.: 415)．要するに，パレーシアは弟子が真実を自分のものにし，真実を語る主体になるよう導く師の義務だとも言えるだろう．実際，フーコーの言葉では，師の言葉で弟子自らも真の語り（veridiction）の主体になるのであり，師の言葉は「弟子の主体性がみずからのものにできるような言説でなくてはならず，弟子はそれを自らのものにすることによって，……自分自身に到達できなければならない」と言われている (ibid.: 417)．すなわち，パレーシアとはそれを聞いた者が，自分の生きる根拠＝真理にたどり着ける言説でなければならないのである．

　ここから引き出される結論として，パレーシアは反追従だとされる (ibid.:

429）．パレーシアにおいても他者への働きかけは問題になるが，それは他者を支配するのではない（ibid.：435）．また，パレーシアの目標は，語りかけられる者がある時に，他者の言説を必要としなくなる状況にいることである．他者の言説が真であるがゆえに，聞いた者はそれを自分のものにして主体化することで，他者との関係がなくとも済むようになるのである（ibid.：429）．さらに言うならば「他者に対する働きかけの根本的な目的は，他者が自分自身に対して，また自分自身との関係において，至上権（＝主権）の関係を打ち立てることなの」である（ibid.：435）．この，自分自身が自分自身の主権（者）になるという点は，次節で取り上げるキュニコス派とも関わってくるが，「これこそがパレーシアの目標なの」だとフーコーは，はっきりと述べている（ibid.：436）．

　パレーシアの目標は他者の真の言説を内化することで，自らの真理に到達するという自己への配慮にも大きく関わると考えられる．パレーシアは他者との関係がなくとも済むようにしてくれるものではあるが，パレーシアの真の言説は「語り手が生存を賭けて発するような真の言説」でもある（Gros 2001＝2004：591）．したがって，ここには聞き手である他者の存在を前提にしていると言えるだろう．パレーシアにおいて自分自身が自分自身の主権（者）になることは，他者から孤立することとは異なるはずである．それはおそらく，世界から身を引き離すのではなく「行為の合理的な主体として，世界の出来事に対して心構えをすること」を目的とする自己への配慮と重なるだろう（ibid.：599）．加えて，パレーシアは反追従なのだから，世界の出来事から適切な距離をとり「必要な警戒状態を構成」する（ibid.：599），すなわち心構えをするはずなのである．

> 自己への配慮は……私たちが正しく行動するように仕向けるもの，行為の真の主体として構成させてくれるようなものである．世界から孤立するのではなく，世界の中に自分を正しく位置づけさせてくれるものである（ibid.：600）．

　「真の主体」であるということは，自らの真理に到達し真実の言説を語る主体になったことと同意だという解釈も可能である．「配慮の主体は『真理の主体とならなければならない』」がゆえに（ibid.：590），主体化が要求される．真理の主体になる以前，すなわち沈黙を義務づけられている主体は，そうであるが

ために「自らを修正し，自らに変形を加え」るという自己への配慮を行うのである．そうであるならば，ここでもやはりパレーシアと自己への配慮の重複が見て取れる．したがって自己への配慮の主体，言い換えれば「自らを修正し，自らに変形を加え」，自らが生きる根拠に到達しようとする主体とパレーシアは，不可分な関係にあると言えるだろう．

3．「真なることを語ること」そして「別の生」

フーコーは1984年の講義の最初（講義録『真理の勇気』）に，パレーシア（率直な語り）を用いることができる人物を「パレーシアステース」(parrhêsiastês)と呼ぶと紹介し (Foucault 2009＝2012：11)，前年のおさらいとしてパレーシア概念の再度の説明と，いくつかの補足を加えている．そもそも，パレーシアという言葉は肯定的な意味と否定的な意味の二つで用いられるが，フーコーが扱うのは前者，すなわち「よい意味」の方である (ibid.：14-15)．

語源的にパレーシアは「すべてを語ること」と定義されると再度述べた後，しかしこの定義だけでは不十分であるとして，フーコーは三つの特徴を追加する．一つは「語る者の個人的意見が真理によって構成される」だけでなく，「語る者は，その真理を不承不承語るのではなく，それを自分が考えていることとして語る必要があ」るということだ．もう一つは，パレーシアには「ある種の形態の勇気を含意する」ということである．そして，最後の一つは，二つ目の特徴と相互関係にあると言えるが「ある種の形態の勇気」は，語る者のみならず，真理を受け取る者にも求められるということだ (ibid.：15-18)．真理を自分が考えていることとして語るという一つ目は，それにより自分が語る真理に「自ら署名し，その真理に自らを縛りつけて……自らに真理を課し，自らを真理によって拘束する」のだと説明される．二つ目の真理の語り手に要求される「ある種の形態の勇気」とは，「真理を語る際に，相手に不愉快な思いをさせたり，……相手を怒らせたり，極端な暴力へと至ることもあるいくつかの行いを相手の側に引き起こしたりするリスクを開き……それに立ち向かう」勇気を指す．この勇気の最小の形は，真理を語ったパレーシアステースが他者との関係を崩壊させる可能性に踏み込むことだ．一方で，その最大の勇気の形態におい

ては，他者との関係の崩壊にとどまらず，真理を語った自らの生命を危険に晒すことさえあると言われる (ibid.：16-17)．そして，真理の受け手に要求される「勇気」とは，自分に対して語られた真理がどんなに不愉快なものであったとしても，それを受け入れなければならないというものである．これら三つを，フーコーは次のようにまとめる．「パレーシア」とは，「語る者における真理の勇気，つまりすべてに逆らって自分の考える真理のすべてを語るというリスクを冒す者の勇気であると同時に，自分が耳にする不愉快な真理を真として受け取る対話者の勇気」なのである (ibid.：18)．そして「パレーシアステース」とは「自らの名において，できる限り明瞭に，諸々の個人に対して彼ら自身の目には隠されている彼ら自身の真理を語ろうとし，〈真なることを語ること〉によって反感，争い，憎しみ，死の危険性を冒す者」である (ibid.：21-33)．すなわち，率直な語りができる者とは，グロが指摘するように自らの「生存を賭けて」(Gros 2001＝2004：591) 己の真理を語ることを厭わない者だと言える．

　フーコーは自己への配慮と同様に，パレーシアについての分析もソクラテスから出発する．『ソクラテスの弁明』の読解において，フーコーはソクラテスが自らを「多少とも価値のある人間」だと認識しており，「自分がそのパレーシアの重要性と自分自身の生死の可能性とを天秤にかけてはならないということをよく知っている」と述べる (Foucault 2009＝2012：105)．また，ソクラテスの「多少とも価値のある人間は，行動に際し，それが正しい行動であるか否か，自分が心ある人間として振る舞っているか臆病に振る舞っているかということのみを考慮すべきである」[11]を引いた上で，ソクラテスは「自分が命を落とすかもしれないということを問題にしてはならない」と説明している (ibid.：105)．そして，次のようにも言う．

　　〈真なることを語ること〉……は，パレーシアという言葉が真理の勇気ないし〈真なることを語ること〉の勇気という意味で用いられるのであれば，これもやはりパレーシアのある種の形態です．……彼（筆者補足：ソクラテス）はこの形態のパレーシアを，一つの使命として，つまり自分が大切にして決して放棄せず最後まで休みなく果たすことになる使命として定義します (ibid.：105)．

このソクラテス的パレーシアを，倫理的パレーシアだとフーコーは言う[12] (ibid.: 188)．また，このソクラテス的パレーシアの対象として「生，生の様式が出現するのであり，……生き方に関して，よいものとよくないものとを正確に分割するために，生を試金石にかけなければならない」(ibid.: 182-183)．ここで少しだけ先に言及しておくと，キュニコス派も「生を試金石にかけ」ている．そのため，ソクラテスと重なりつつも相澤伸依が指摘するように，それとはまた別の形態のパレーシアが開かれるのである．

　ソクラテスに戻ると，ソクラテス的パレーシア，つまり「この勇気ある哲学的言説の根本的テーマとして最終的に現れるもの」が自己への配慮であり，「このパレーシア，この哲学的で勇気ある〈真なることを語ること〉の主要な目標として，自己への配慮が，神々との関係，真理との関係，他の人々との関係に接続されたかたちで現れる」とフーコーは論じる (ibid.: 112)．加えて，このソクラテス的パレーシアが語ろうとするのは，力量やテクネーではなく生存の様式であって「人々の生の様式を問い直すことであり，その人々の生の様式を試練にかける」のだと強調する (ibid.: 187)．さらには「まさしくここに，配慮，パレーシア（率直な語り），そしてビオス（生存）の次元における善と悪との倫理的分割が，根本的なやり方で連鎖させられているのが見られ」るがゆえに，ソクラテス的パレーシアは「間違いなく倫理的パレーシア」であり，その特権的・本質的対象は「生および生の様式」なのだと，くり返されるのである (ibid.: 187-188)．簡潔に言うならば，やはりパレーシアと自己の配慮は個々別々ではなく，結びついているのである．

　ところで，芸術の領域には「美」が含まれると自明視しても差し支えないと筆者は考えるが，元来，フーコーは生というものが，芸術の領域にあるものだと示唆していた (Foucault 1984＝2002)．フーコーは，ソクラテス的パレーシアの射程に「人が生きるやり方」(hontina tropon nun te zê’あなたは今をどのように生きており，過去の生をどのように生きたか）という生存の領域があることを指摘する (Foucault 2009＝2012: 181)．またフーコーによるならば，この生存の仕方，言い換えれば，どのように生きるかということは〈真なることを語ること〉の一つの方法である．それを踏まえ，フーコーは「ソクラテス的パレーシアの出現とその創出によって，生存 (bios) が，ギリシア思想のなかで，どのようにし

て一つの美学的対象として構成されたのか」を問う「生存の美学」(esthétique de l'existence) を提示する (ibid.: 203)[13]. フーコーにしたがうならば「人間が存在し行動するそのやり方，人間の生存が他の人々の目および自分自身の目に対して出現させる様相……といったものは，人間にとって，美学的な気遣いの対象」だった (ibid.). フーコーの言う「美学（的）」が指すものは明確にされていない. だが「輝かしく記憶されるべき生存」や「生存の美しさ」という言葉，あるいは「真なることを語る」生すなわち，真の生と美しい生存との関係を把握したいのだという言葉から推測すると (ibid.: 204)，二つのことが考えられるだろう. 一つは，フーコーは人間の生（生存）をもとより美しいものと捉えていたということである. もう一つは「真なることを語る」生＝「真の生」(alêthês bios) だという解釈が可能だが，それを美しい生存だと見なしていたということである. 「〈真なることを語ること〉と美しい生存のあいだの諸関係をめぐる」問題を研究したいとの言葉から察するに (ibid.: 204-205)，おそらくフーコーの念頭にあったのは後者だと考えられるが，前者の要素がまったくないとも言い切れないだろう.

　フーコーは「真なることを語る」生，すなわち真の生の実践における美しい生存を検討するにあたり，キュニコス主義（キュニコス派）を例に挙げる. それはキュニコス派の生の形式が「羞恥や恐れなしの〈真なることを語ること〉，勇気ある無制限の〈真なることを語ること〉，耐え難い横柄さに転じるほどに勇気と大胆さを推し進めるような〈真なることを語ること〉の原則に，しっかりと接続されている」と，フーコーが考えるからである (ibid.: 207). このことから極めて簡略化した言い方をするならば，キュニコス派の生は，真の生なのである. また，パレーシアとの関係で言うならば，キュニコス派は「恒常的に，パレーシアの人，〈真なることを語る〉人」だとされる (ibid.: 208). フーコーの別の言葉で言えば，キュニコス派はパレーシアステースなのである. フーコーは，さらにこの点に関して，ディオゲネス・ラエルティオによる，キュニコス派のディオゲネスに関する逸話として示されているものを例に挙げ，次のように解釈する.

　　ある日，ディオゲネスは，人間において最も美しいものは何か (to kalliston en

tois anthropois）と訊ねられた．これに対し，彼は，それはパレーシア（率直な語り）である，と答えたのだった，と（Laërce 736＝1989：167）．ここに生存の美しさ，自らの生存に与えるべき可能な限り美しい形式というテーマと，パレーシアの行使，率直な語りの行使というテーマとが，直接的に結びつけられているのが見られます（ibid.：209）．

　換言すれば，〈真なることを語ること〉すなわちパレーシアと，生存の美しさとの関係の探求を目的とするフーコーにとって，キュニコス派（の生き方）は，もっとも適した例だと言えるのである．

　キュニコス派は真の生を生きるが，この「真の生」とは何を指すのか．それについて話す前に，フーコーは「真の」を意味する「アレーテース」（alêthês）について，次の四つの点を指摘する．第一に，隠されていないこと，隠蔽されていないことである．何も隠さないということは，完全に可視的であるという意味だ．第二に，純粋であることである．何も隠さず，それ自体がいかなる変質も受けないこともまた，真なのである．第三に，まっすぐなことである．このまっすぐさは，屈折や変質をもたらす混合と相対するものである．第四に，変化も堕落もなく不変であるということである．何も隠さず純粋でまっすぐであるというその事実そのものによって，真であることは不変を意味するのである（ibid.：276-278）．したがって，真の生（アレーテース・ビオス）にも，以下のような四つの側面があるということになる．

　第一に，隠蔽されざる生である．これはすなわち，「万人の視線に対して自らを躊躇なく表明することができるような」生を意味する（ibid.：280-281）．万人の視線に自らを晒すのだから，そこには人を欺くような欺瞞もないのである．第二に，その生には善と悪，欲望や欲求といったものが混ざらない，雑多なものがない純粋な生を意味する（ibid.：282）．第三に，理性や諸原則に合致する，まっすぐな生である．フーコーにしたがうならば「真理とともにある生は……まっすぐな生なので」ある（ibid.：285）．最後，第四に「混乱，変化，堕落，転落を免れる」不変の生は，自由と幸福を保証するとされる．いかなる変質も受けないのだから，己の生を支配するものへの服従から逃れ，そこに自由が保障される．その一方，他者や他のものではなく，自己による自己の支配から得ら

れるものとしての幸福がある．真の生は，服従ではなく自らによって完璧に制御された，「完全に幸福な生」なのだとフーコーは論じる (ibid.)．

　以上の四つの側面に特徴づけられる真の生を，キュニコス派の人々も生きる．しかし，彼らは何も隠さず，純粋でまっすぐかつ揺るぎなく，堕落せずに幸福な真の生という諸原則から出発するが，それらを極端化し「貨幣の価値」や「貨幣に刻まれた肖像を変更しようとする」(ibid.: 288)．真の生における，キュニコス派の貨幣の価値や肖像の変更を，フーコーは後にスキャンダルとも呼ぶが，それは「伝統的に真の生として認められてきたものとはまさしく正反対であるような一つの生を明るみに出す」ことである (ibid.)．言うなれば，キュニコス派は真の生にもう一つの表情，「渋面をつくらせようと試みたので」ある (ibid.)．

　キュニコス派がつくらせようとした真の生それぞれのもう一つの表情（渋面）を見る前に，彼らに結びつけられている貨幣の価値の変更とはいかなることなのだろうか．こちらを先におさえておく．少々長くなるが，本書ののちの議論には非常に重要な内容が含まれている，フーコーの言葉を拾っておこう．

　　　キュニコス主義に結びつけられる貨幣の変質，貨幣の価値の変化は，おそらく，通常生存をしるしづけて生存を形作っている諸形式や諸習慣を，哲学が伝統的に認めている諸原則によって置き換えることを意味しています．……ありきたりの哲学の，最も伝統的で，最も広く習慣的に認められ，最も一般的であるような諸原則を取り上げ直しつつ，哲学者の生存そのものを，……〈真なることを語ること〉の形式として差し出すことのみによって，キュニコス主義的生は真の貨幣を真の価値とともに流通させるのです．キュニコス主義のゲームによって表明されるのは，真の生の諸原則を本当に適用しているその生が，人間たち一般そしてとくに哲学者たちが送っている生とは別のものであるということです．真の生は別の生であるという，この考えとともに，……西欧倫理の歴史における，とりわけ重要な地点に辿り着くように，私には思われます (ibid.: 309-310)．

　上記の引用のうち，本書にとって最も重要なのは「真の生の諸原則を本当に適用しているその生が，人間たち一般……が送っている生とは別のものであ」

り，「真の生は別の生であるという」ことだ．フーコーによるならば，キュニコス派の問いは「生は，それが本当に真理本位の生であるためには，ラディカル……に別の生でなければならないのではないか」ということだった (ibid.: 310)．言い換えてみるならば，真の生の諸原理のキュニコス派的適用をしている生は，人間一般が送っているそれとは異なる別のものであり，真理すなわち己が生きる根拠を基本とする生であるためは，別の生を生きなければならないということではないか．ここで，真の生の諸原理のキュニコス派的適用（あるいは真の生の渋面）ならびに，別の生とは何かに着目しよう．

　くり返しになるが，真の生の四つの側面とは，何も隠さない生，純粋で生に無縁なものによる束縛も，それへの依存もない非依存的な生，まっすぐな生，自分自身の主人であり，ほかのすべてに優先する主権的な生を指す (ibid.: 317-341)．キュニコス派はこれら四つの側面すべてを，言わば究極的に「反転させてスキャンダルを引き起こす」(ibid.: 317)．つまり，彼らが「古代に共有されていた『真の生』(alêthês bios) の価値を変えようと」することを指しているのである (相澤 2011: 65)．このスキャンダル[14]とは「人々が頭の中では認めており価値づけているにもかかわらずみずからの生そのものにおいては拒絶し軽蔑していることを，その人々に対して目に見えるかたちで提示しつつ，彼らの怒りに立ち向かうこと」だとされている (Foucault 2009＝2012: 296-297)．

　したがって，第一に「他の人々に非難されたり……不誠実で咎められるべきいかなる行動も犯さない」(ibid.: 317-318) 隠蔽されざる生を極端なまでに反転させた結果，キュニコス派はこれを，公の場で愛を交わし性的関係を持つといったやり方で「慎みを欠いた，恥知らずの生」という別の生に変形させる (ibid.: 322)．第二に，非依存的な生を絶対的な貧しさ，すなわち，身体的かつ物理的で可視的なだけでなく，際限なき貧しさにまで突き詰めることで，キュニコス派は「悪評 (adoxia) に立ち向か」うという形の別の生を出現させた (ibid.: 329)．彼らにとって，悪評に立ち向かうといった不名誉の体系的な実践は，否定的なものではなく，反対に肯定的な意味と価値を持つ行いだったからである (ibid.: 322-331)．第三にキュニコス派は，まっすぐな生を自然のなかに見出し，あらゆるタブーやしきたりを拒絶して，動物性を自らの一つの義務とした．人間は，動物性を差異化することで自らが人間であると肯定していた．しかしキュニコ

ス派は，人間が受け入れなかった動物性をほかの人々の前で引き受けた．なぜ
ならば「動物性は常に，……人間が……理性的かつ人間的な存在として構成さ
れる際の反発点だった」からである (ibid.: 334)．そうすることで，一つのス
キャンダルを他の人々に投げつけ，そこに別の生を現したとされるのである
(ibid.: 332-336)．第四に，生は何よりも先に自分のものであると同時に，ほかの
人々に対する助けや教えとなるという意味において他者にとっても有益な生で
ある，主権的な生の反転がある (ibid.: 341-344)．キュニコス派は，実例として自
分の生を他人に差し出すといったこれまでの仕方ではなく，闘ったり噛みつい
たり攻撃をするという点で，他者に対して有用なのである．キュニコス派の闘
いは己の欲求や欲望に対する個人的なそれにとどまらず，人類全体に害を及ぼ
す習慣やしきたりに付随する悪徳に対する闘いでもある (ibid.: 352-353)．その闘
いの目的は「人間を変えること，つまり，人間をその道徳的態度 (êthos) におい
て変えるのみならず，それと同時に……まさしくその結果として，人間をその
習慣，そのしきたり，その生き方において変えること」である (ibid.: 354)．第
四の反転を簡単に換言するならば，次のようになるだろう．キュニコス派は，
自分自身の生であり他者にとっても有益である主権的な生を突き詰めた結果，
自分のため，そして他人／人類のための闘いの生，「戦闘的な生」という別の
生に変えるのである．また，それゆえにキュニコス派は自らも他者からも
「犬」と称し／称され，敵に近づき噛みつく番犬になるのである (ibid.: 358)．

　さらに，フーコーにしたがうならば，キュニコス派の戦闘性は「完全に万人
に差し向けられ」ており，開かれた場におけるものであり「人々に激しく動揺
を与えて考えを一気に変えさせることを目指す」とされる．それだけでなく，
その戦闘性は「ただ単にしかじかの個人が持ちうるしかじかの悪徳や欠点や臆
見と闘うだけでなく，しきたりや法や制度といった，人類一般に共有されてい
る悪徳や欠点や弱さや臆見に依拠するものにも立ち向か」い，「世界を変えよ
うとする」ものである (ibid.: 359)．キュニコス派が提示してきた，慎みを欠き
不名誉で動物的で番犬のような戦闘性を有する生は，古代哲学にとってありふ
れたテーマである．だが，それは同時に「哲学者がそこに自分を見ながら自分
を認めるのを拒否するように導かれる壊れた鏡のようなものなの」だと，フー
コーは言う (ibid.: 340)．それはつまり，別の生は哲学者を含めた一般的な人々

──本書との関係で言えば健常になると考えるが──にとって，受け入れがた
いものであるということだ．その受け入れがたさゆえに，キュニコス派の別の
生は「万人の生を変容させようとしながらも，万人を服従させることのない」
生のあり様だったとされる（上田 2019：141）．これら二つの点は，のちの章で何度
も振り返ることになるだろう．そして，フーコーはキュニコス派について，以
下のようにまとめる．

> キュニコス主義は，ただ単に，真の生というテーマを，スキャンダラスに
> 別の生というテーマへとそれを転倒させるに至るまで推し進めるだけでは
> なく，別の生のその他性を至幸で主権的な一つの異なる生の選択として措
> 定しつつ，別の世界をもたらす闘争の実践としても措定したのだ，と．
> ……キュニコス派は，真の生をめぐる古代哲学の伝統的な数々のテーマを
> 取り上げ直しながら，それを移し替え，それを反転させて，別の生の必要
> 性の主張および肯定へと導きます．……キュニコス派は，別の生というそ
> の考えを，その他性によって世界の変化をもたらすべき生というテーマへ
> と，再度移し替えるのです．別の世界のための別の生，というわけです
> （Foucault 2009＝2012：361-362）．

　つまり，キュニコス派は自分自身に配慮し，他の人々にとっても闘いの生と
して有用である別の生を肯定し，現状の世界とは異なる別の世界の到来を可能
にするものとしても，それを肯定した．さらにそれのみならず，別の生が持つ
戦闘性をもって，一気に世界を変えようとする生に，別の生は変化するのであ
る．すなわち，今の世界と異なる世界にするためには，別の生が必要だという
ことだ．このことは，フーコーが最後の講義のための草稿の最終ページに記し
た，しかし実際に語られることはなかった最後の言葉にも，直接的に現れてい
る．

> 真理が創設される際には必ず他性の本質的な措定があるということだ．真
> 理，それは決して同じものではない．真理は，他界および別の生の形式に
> おいてしかありえないのだ（Gros 2009＝2012：447）．

　フーコーが言う他性とは「世界および人間たちの意見において差異をなすも

の，自らの存在様式の変容を強いるもの，その差異によって構築し夢見るべき別の世界のパースペクティヴを開くもの」であり「真理のしるし」である．また，他界は「〈永遠の真理〉の世界であり，感覚的で流動的で堕落しやすい現実の世界を超越する世界」だとされている (ibid.: 445-446)．真理，自分自身が生きる根拠が生まれるためには，必ずほかの人とは異なるものと，別の生への自己の変化が求められる．また，他界は現実の世界を変えた場所にしか存在しないということになる．換言すれば，己が生きる理由は，自らが闘いの生になり現状の世界を変えた，別の場所にしか生まれないということなのである．

　服従する主体だけでなく闘いの生という別の生へ変化する主体，あるいはそのような主体化がフーコーの議論を貫いているものであると，筆者は考えている．次章からは，フーコーのこの主体（化）論がどのように具体的に，各々の障害者の主体化に現れているかを検討する．本章はその準備のために，やや詳しくフーコーの議論を取り上げた．それは，障害者の主体化に，服従する主体と自己変容する主体の両方の側面を見出すことができると考えるからである．次の第3章では，まずは服従する主体としての障害者を浮かび上がらせよう．

注 ────────
1　小泉（2016）は，フーコーの言う主体とは「何ものかに服従しながら，必ず誰かを支配する主体」であると主張する．本稿は概ねこの主張に同意しながら，主として自己を支配する主体としての障害者を探究するものである．
2　フレデリック・グロは，この宣言について「文字通りに受けとりすぎてもならないだろうが，態度は表明されている．……倫理的なものや主体が政治的なものや権力と無縁なものとして思考されるべきだとは，まったく主張されていない」と論ずる（Gros 2001＝2004：572）．
3　グロによれば「そもそも主体としての個人は，支配の技術と自己の技術の交叉点にしか出現しない．それは主体化の過程が服従化の手続きに折り重なり，多かれ少なかれ重なり合いながら……二重化した襞なのである」（Gros 2001＝2004：587）．
4　本文では傍点で強調されている．
5　訳書では傍点で強調されているが，筆者が下線に変更した．
6　「再び洗礼を受けることができるのかという問題」（Foucault 2012＝2015：160）と言い表されることから察せられるように，洗礼とも関わる悔悛は「背教者の悔い改めと信仰復帰の告白」を指す（吉澤 2017：83）．また，フーコーはこれを「本物の殉教の代わりに，一種の小型殉教を置くやり方……殉教のミニチュア」とも呼ぶ（Foucault 2012＝

2015：172）．さらに言えば，そもそも洗礼は「赦免のメカニズムであると同時に，真理への到達のための手続きでもある」とされ，清め，刻印，再生，照明の四つの効果に結びつけられているのである（Foucault 2018＝2020：81-82）．

7　原文は傍点で強調されているが，筆者が下線に変更した．

8　「デカルト的契機」とは，「主体が真理へと到達できるための諸条件が認識……である，ということを認めた日を境に近代に入った（真理の歴史がその近代の時期に入った）」ことを指す．「そこで問題なのはデカルトだとか，デカルトがまさにその発明者であった」と言うつもりはまったくないと，フーコーは説明する（Foucault 2001＝2004：21-22）．

9　必要な引用にとどめるために少しだけ文言を変更している部分があるが，文意はそのままである．

10　フーコーの未発表原稿『自己の陶冶』からのグロの引用による．

11　Platon, *Apologie de Socrate*, 28b：155. なお訳者の慎改康之が提示している邦訳は，田中美知太郎訳「ソクラテスの弁明」『プラトン全集1』（1975：79-80 岩波書店）だと推測できるが，明記されていない．そのため，文献リストへの記載もせずにおく．

12　フーコーは四つの形態のパレーシア（民主政下のパレーシア，君主政下のパレーシア，ソクラテスのパレーシア，キュニコス派のパレーシア）を取り上げている．前者二つは「政治に関わる真言であるので政治的パレーシアと呼ばれ」，後者の二つは「生き方に関わるので倫理的＝エートス的パレーシア（parrêsia politique／éthique）と呼ばれる」と，相澤伸依（2011）はまとめる．

13　美学の観点から「生存の美学」概念を中心に据えて，フーコーの思想研究を行った武田は，これを「自己をひとつの作品として作り上げていくような生のあり方であり，自己への働きかけによる自己自身の変形へと向かう生」だと説明している（武田 2014：12）．

14　相澤は「キュニコス派がスキャンダラスと言われるのは，諸学派に共有されていた思想を極端な形で推し進め，実際に生き，そもそもの思想の価値を変えてしまったことを指している」と主張する（相澤 2011：64-65）．

15　本文の傍点強調は，おそらくグロによるものであろうが，筆者はそれを下線へと変更した．

第3章

「感動ポルノ」と服従する主体としての障害者

　前章の最後に予告したように，この章では服従する主体としての障害者の姿を描き出す．第1章で言及したUPIASの定義からも分かるが，程度の差はあれども健常者中心の現在の社会において，障害者が抑圧されている存在であることは否めないだろう．そのような彼らを「大変なことがありながら，それでも頑張る障害者」に仕立てるのが「感動ポルノ」だと，まずここでは単純に言っておく．「感動ポルノ」はあらゆる場面に現れるが，その最も顕著な例の一つとして挙げられるのは，メディアにおける障害者表象だろう．そのなかでも，毎年夏に日本テレビ系で放送される『24時間テレビ』は「感動ポルノ」の最たる具現化だと言っても，過言ではないはずである．したがって，本章では『24時間テレビ』を例に，そこに登場する障害者が健常者に隷従し，服従する主体と見なされていることを，まずは明確にする．

　「感動ポルノ」は『24時間テレビ』だけでなく，この後の章で取り上げる障害者プロレスとパラリンピック（選手）のすべてと当然のごとく密接な関係にある．しかし，本書の主眼は「感動ポルノ」を批判的に論じることにあるのではない．よって，「感動ポルノ」の説明と寄せられている批判についての論述は，この3章と5章の一部のみにとどめる．だが，そのほかの章の議論においてそれへの言及がないことが「感動ポルノ」に対する，筆者の嫌悪と批判意識の欠落ではないとあえて明言しておく．

1．「感動ポルノ」——ヤングの功績，グルーの修正

　日本語では「感動ポルノ」と訳される，"inspiration porn"という言葉を一般に（と言ってよいか分からないが）広めたのは，故ステラ・ジェーン・ヤング[1]

だとされている．ヤングはコメディアンであると同時にジャーナリストであり，先天的な骨形成不全症による車椅子ユーザーであった (Griffin 2011)．「インスピレーション・ポルノ」という言葉の正確な起源をたどることは困難だが，オーストラリア ABC に掲載されたヤングの記事 (2012) 以前には，あまり見当たらないと言われている．そのため，ヤングがこの言葉を作ったわけではないにせよ，これを普及させ，定着させた功績は大きい．そのように言うジャン・グルーは，ヤングを「インスピレーション・ポルノ」の出発点とする．(Grue 2016：839)．そして，グルーは「インスピレーション・ポルノ」を，いったん次のように定義する．

> 「インスピレーション・ポルノ」とは，(a)目に見える障害のサイン (person with visible signs of impairment) がある人が，(b)身体的な活動をしているだけでなく，むしろ身体的に優れた能力を示しており，(c)当該映像にインスピレーションを受けるよう，見る者を鼓舞するキャプションが添えられているもの (ibid.)．

グルーは「感動ポルノ」の成立には，(a)〜(c)三つすべての要素が必要だと主張し，車椅子ユーザーの子どもがバスケットボールをプレイしている写真を例に挙げる．そこにおける(a)目に見える障害のサインとは，たとえば車椅子を使用していることそのもので(b)その子どもはバスケットボールが上手であり（身体的に優れた能力を示しており），(c)「諦める前にトライしよう」という，見る者を励ますキャプションが添えられている．これが，ひとまずグルーの定義する「感動ポルノ」なのである．また，グルーにしたがうならば「感動ポルノは，対象となる人物や彼らの身体的能力を美化する態度と，見る者を鼓舞する態度によって，その存在を際立たせている」(ibid.)．さらには，障害を持つ人々 (people with impairment) が課題に成功したり，身体的能力を発揮したりする様子を描くことは，もとより (a priori) 悪いのか．あるいは，同じような障害を持つ人々 (people with similar impairments) や一般視聴者のために，彼ら (people with impairment) を潜在的なロールモデルとして描くことは，もとより (a priori) まずいのかと問いかけ，ヤングが本当に問題視したものは何なのかと問う (ibid.：839-840)．[2]

手のない少女がペンを口にくわえて絵を描く姿や，カーボンファイバー製の

義足で走る子どもの姿をヤングが批判する理由は，またこれらの子どもの様子を「あえて『ポルノ』と言っている理由は，ある特定の人たちをモノ扱いし，他者が得をするようになっているから」であり，なおかつ「障害者 (disabled people) を健常者 (nondisabled people) のために利用している」からである (Yong 2014)[3]．このヤングの主張を，グルーは次のように引き取っている．ヤングの批判は「『インスピレーション・ポルノ』という名づけに関してではなく，それが指す現象，つまり，障害を持つ人々 (people with impairment) を客体化し，彼らの経験を軽んじ，彼らの居場所を神秘化するような方法で描くことに関係するのである」(ibid.：840)．こうしてグルーは「感動ポルノ」の問題点を，物体化，評価の低下，個人化（神秘化）の三点に要約する．それぞれを見ておくと，物体化とは，障害者を，障害を持った主体 (disabled subjects) としてではなく，物体 (objects) として表現することである．ヤングの言葉で言うならば，「ある特定の人たちをモノ扱い」することに該当するだろう．評価の低下は「感動ポルノ」で描かれる，ありふれた行為（たとえば義足での歩行）が，障害者にできることを実際よりも小さく少なくするという点を指す．「感動ポルノ」が注目するのは，目に見える障害 (visible impairment) や身体能力であることは，言うまでもない．そのため，三点目の個人化とは，障害 (disability) を個人の身体にある問題として示し，個人の努力によって克服されるべきものとしていることである．換言すれば「感動ポルノ」は医学モデルの発想で成立しているのだが，グルーはこれについて「障害 (disability) を，客観的に利用可能な，視覚的に明確な，個人の障害 (individual impairment) として構築することによって，障害 (disability) の構造的・制度的原因を曖昧にしてしまうのである」と言い表している (ibid.)．

　障害者 (people with impairment) を肯定的に描くこと自体は良いという反論はあり得るし，しばしばそうされると，グルーは述べる (ibid.)．これはまさに指摘そのものであり，次節で取り上げる『24時間テレビ』は，その典型と言えるだろう．個々人の解釈はさておき，少なくとも『24時間テレビ』の制作側は，障害者を肯定的に描くことそのものが悪いとは思っていないだろう．しかしそれだけでなく，疎外され抑圧された集団や個人を表向き肯定的に描くことが，いかに彼らの周縁化や圧殺につながるかという点は，障害学 (Oliver and Barnes 2012) や障害の文化的研究 (Snyder and Mitchell 2006) を参照するまでもないと言うグルーの主

張も，的を射ているものなのである．たとえば，シャロン・スナイダーとデイヴィッド・ミッチェルは物語の補綴を論じるなかで，インペアメントがしばしば特徴を表現するための外在的な動機づけおよび説明装置として機能すると主張している (Snyder and Mitchell 2000)．目に見える，あるいは象徴的に示されるインペアメントは，容易に視覚化できない性質の代用品（プロテーゼ）として，また，それがその人物を完全に説明する，人物描写の全体化装置として使われる傾向があるのである．この補綴機能はまた，個人から集団へと広がり，障害を持つ人々 (people with impairment) の表象は「特徴づけという行為が，読者や視聴者により大きな概念，経験，集団を探すよう促すという意味で，潜在的に寓意的」(ibid.：40) になっているのである．グルーは，スナイダーとミッチェル (2000) が示した補いの物語の全体化という一面は，障害 (impairments) が，障害者の達成できることのみならず，達成すべきことの限界として解釈されることを意味すると説明している．これは，ヤングの指摘した価値の低下に相当するものである．これらの限界が，描かれる人物の心理的あるいは伝記的に組み込まれるのではなく，包括的な物語やイデオロギーの必要性によって決定される時，人間の物体化は生じるのである．さらに神秘化は，障害 (impairment) が，さらなる説明を必要とせず，あらゆる行動の必要かつ十分な動機づけの要因として描かれる際に生じる．ここから「感動ポルノ」は，表象と語りの歴史に浸透している「ご都合主義的な……装置」(ibid.：47) に依存していると，グルーは主張するのである (Grue 2016：840-841)．

　グルーの主張をヤングの言葉で言うならば，たとえば手のない少女がペンを口にくわえて絵を描く姿を見る／見せる目的は「皆さんを感動させ，やる気を起こさせること」であるから，「皆さんがこれを見ると『自分の人生は最悪だけど，下には下がいる．彼らよりはマシだ』と」感じるのである (Yong 2014)[4]．重ねてこのような，極めて標準的になっている障害者の表象 (Shelton and Waddell 2021：258) は「健常者が，自分はまだまだ恵まれているのだと自分の不安を客観視できるような存在なの」だと，ヤングは話す (Yong 2014)．別の言い方をすれば，この少女を見て感動する健常者の内では「健常の規範が自明視されて」おり，「健常が規範であるために，その規範に叛く者」を「既知の秩序や認識に位置付けることができなくなって」いると言えるだろう (稲原 2016：34)[5]．つまり，

手のない少女が口にくわえたペンで絵を描くという行為は「健常者のマトリクス」，健常者の理解可能性を超えているのである．彼女は，明らかに「健常の規範に叛く者」だからだ．それゆえ，その姿を目にした健常者は自分が「正常」であることに安心し，己より「下」の「異常な」障害者の行為に感動するのであろう．

　しかしながら，グルーはヤングの言葉に一定の同意を示しつつも，並外れた身体的芸当と普通の身体的な芸当を区別する必要性を主張する．「感動ポルノには，障害者（people with impairment）が非常に筋肉質な体格をしていたり，並外れた技を披露していたりする映像もあれば，彼ら自身（with their bodies）は普通のことをやっている映像もある」．それらは「ポルノグラフィの視線と同様に，互いに密接に関係していると私は考えるが，この区別を維持することは重要である」というわけだ（Grue 2016：841）．前者の例として最も分かりやすいのはパラリンピック選手であり，後者はヤングが言うところの「起床して自分の名前を覚えていれば，（筆者加筆：周囲は）賞賛するぐらい」のことだろう．グルーによるならば，

> 　前者のケース（筆者補足：パラリンピック選手）では，われわれは，純粋なファンタジーとしてポルノを扱っている．そこではたとえ望ましいとしても，パフォーマーは，現実には起こりそうもない，あるいは不可能な技を成し遂げていると捉える．後者は，別種のファンタジーとしてのポルノであり，観客は秘めた恐怖にふけり，一種のカタルシスを体験しているものである．どちらもポルノであり，どちらも感動を引き起こすかもしれないが，両者は全く同じではない（ibid.）．

　また「ポルノを，内容だけで他の表現形態と明確に区別するという方法については，意見の一致が得られておらず（Andrews 2012），感動ポルノの定義の問題は，結局のところ，他のあらゆる種類のポルノを定義するという問題と同じである」とグルーは続けて言う（Grue 2016：841）．この点に関連してさらに言えば，制作側の意図と鑑賞者の好み，その両方を考慮しなければ，何がポルノグラフィで何がそうでないか，単純に決定することはできないとデイヴィッド・アンドリュース（2012）は論じている．

だが，グルーにしたがうならば「ポルノ」が実際のポルノを指していない場合，それは何かの無批判な美的鑑賞を意味するようになったという，日常的な用法に助けられる．障害者の「非凡な達成を描くとき，感動ポルノは，障害 (impairment) という逆境を克服」するといった表象ファンタジーとしての特性を持つ．「この様式における感動ポルノは，……印象的な一面を提示し，そのファンタジーを妨げる可能性があるものはすべて覆い隠してしまうのである」(Grue 2016：841-842)．

　たとえば，第6章で詳しく取り上げるダニエル・ピアーズは，元車椅子バスケットボール選手であった．ピアーズは障害ゆえに車椅子を使用しているが，歩行も可能なようである．ある雑誌のインタビューで「もう歩けないというのはどんな気分か」と聞かれたが，ピアーズは「まだ歩ける」と事実を答えた．すると，「でも，あなたはパラリンピック選手でしょう！」という，怒りと混乱に満ちた記者の声が聞こえてきたと回顧する (Peers 2012：183)．すなわち，記者はピアーズをパラリンピック選手として扱い「『もう歩くことができない』という失意のうちにいる人物の話」を，純粋なファンタジーを聞きたかったのだろう．このファンタジーにおいて「まだ歩ける」という事実は，パラリンピック選手の，そして「感動」の物語には不要なものなのである．それゆえこの事実は隠されなければならず，実際に，インタビューは，"How it feels to no longer walk" というタイトルで Chatelaine 誌 (June 2007) に掲載されたようである (Peers 2012：183)．[7] しかし，これが当てはまるのは，何もピアーズのような，非凡な達成を描く時に限定されるわけではない．ヤングの例で言うならば，おそらくヤング自身は，ごく一般的な少女として生活していただけにもかかわらず，骨形成不全症という印象的な一面のみに着目され，地元の功績賞の候補になったことが挙げられる．普通に生活することが「骨形成不全症という障害を克服して」というファンタジーに結びつけられ，それを崩壊させるような「彼女（ヤング）には何の功績もない」と話す両親の言葉は，無視されたのである．

　先にも触れたが，障害者はごく普通のことをしているだけにもかかわらず「感動ポルノ」になる場合があり，これはグルーが言うように，また別の問題である．グルーによるならば，これも障害の実態をほとんど知らない健常者の観衆に依存して作り上げられている (Grue 2016：842)．

たとえば，稲原美苗は市役所での用紙記入時の自身の経験談を挙げる．脳性麻痺の影響で「動かないように見える」稲原の手を見た市役所の担当者が「『代筆しましょうか？』『介助の方は来ていないのですか？』などと尋ねてきた」．稲原が「大丈夫です」と断り，利きの左手で記入すると，その担当者は異常なほど驚くと言う (稲原 2016：38)．稲原は，この事例によって健常性に実体はなく，「むしろ単なる思い込みに過ぎないことを明確」にしているが (同書)，これもある種の感動ポルノであろう．健常者は，動かないと思っていた障害者の手が動くという一種の恐怖と，（何も）できないと思っていた障害者が自分で字を書いたことへの驚きを経験したのである．グルーはこれを一種のカタルシスの体験と呼ぶが，別の言い方をするなら「否定的な感動」とも言えるだろう．少なくない数の健常者にとって，障害者は「自分一人では何もできない」存在であり，またそのようなファンタジーと結びついているだろう．そのファンタジーが崩壊することも一つの恐怖である．なぜなら「下には下がいる」という，健常者の優位性が維持されなくなるからだ．それゆえに，ファンタジーは壊れてはならないものである．だからこそ，それが壊れる時，健常者は驚きとともに，ある種の恐怖と「否定的な感動」を覚えるのである．

　さらに，グルーは「感動ポルノ」を最も象徴するような人物の一人として，エイミー（あるいはエミー）・マランスを挙げる[8]．マランスは元パラリンピック選手であり，現在は義足のモデルとして，また女優としても活動している．ルナ・ドレザル (2017) の記述によれば，マランスは先天的な両下肢の異常のため，一歳で両足の膝下を切断している．その後，1996年のアトランタ・パラリンピックの短距離走（100ｍ・200ｍ）と，走り幅跳びで世界記録を樹立した．1998年の最初の TED 出演後には義足でファッション誌の表紙を飾り，モデルとしても仕事をするようになった (Dolezal 2017：65-66)[9]．マシュー・バーニーの映像作品シリーズ『クレマスター 3』[10]に出演したマランスの義足は「身につける彫刻」であり (Mullins 2009)，そこにおけるマランスは「究極のポスト・ヒューマン[11]として登場し，動物，怪物，サイボーグ，ファンタジーのあいだを変幻する」のである (Dolezal 2017：67)．また，マランス自身の語りによれば，マランスは義足を12足以上持っており「五種類の身長に変えることができる」ようである (Mullins 2009)．友人に「自由に身長を変えられるなんて，ずるい」と言われた

マランスは「社会の反応が……大きく変わったと実感し」,「もはやハンディは克服するものではなく,プラスに増幅していく」ものであると捉えた.マランスにとっては「義肢はもはや失ったものを補うのではな」く「身体障害者とされてきた人々は,今や自分の個性を演出できる」存在なのである (Mullins 2009).マランスの主張を理解することはできるし,映像で見るマランスの義足は,確かに美術作品のようにも見える.だが,これこそ大多数の人々にとっては「現実には起こりそうもない」ファンタジーであろう.だからこそ「ファッション・ビューティー・セレブの最新情報」と銘打つ "VOGUE JAPAN" (2020) が「どんな逆境もポジティブな思考で乗り越え,世界中の人々をインスパイアする彼女の言葉を振り返る」と取り上げるのである.[12] 筆者の解釈では,マランスに付された VOGUE JAPAN のキャッチフレーズは「感動ポルノ」以外の何ものでもない.

　一方,グルーはマランスをサイボーグと見なし,「サイボーグであるという事実そのものが非凡」であると指摘する.その上で「理想的なパラリンピックのアスリートには,平凡な達成が感動的に見える程度の障害 (impaired) があるが,本当に感動的な,並外れた達成ができないほどの障害はない (not so impaired) のである」と論じる (Grue 2016 : 843).さらにグルーは,パラリンピックの表向きの機能である,一般の障害者に向けての「エンパワーメント」は,ほとんどすべての人の手の届かない理想を推進するものであるため,まったくの幻想かもしれないという,ダニエル・ジャクソンらの指摘を挙げる (Jackson et al. 2014).同様に問題なのは,パラリンピック,そして「感動ポルノ」の,道徳的バランスという暗黙の論理であると述べる.これは,すなわち「感動ポルノ」が障害者の生活は健常者のそれより悪いと単純に描いているわけではないという問題である (Grue 2016 : 843).グルーはアーヴィング・ゴフマン (1963＝2001) の,障害者はしばしば,自らにあるとする欠陥を補うような,望ましいが望ましくない,ある種の並外れた特性を持っていると見なされるという指摘を援用する.そして,この「望ましいが,望ましくない特性」に「感動ポルノ」のファンタジーの可能性があると主張する.「障害 (impairment) があるからこそ,並外れた意志の力が生まれ,並外れた成果を上げることができる」というわけだ (Grue 2016 : 843).

　マランスの義足の例を見るまでもなく「感動ポルノ」は,オリバー (1983) が

指摘した通り医学モデル的な，すなわち障害を個人的悲劇と捉える解釈を用い
ている．障害者の生活が健常者のそれと比較して悪いものであると単純に言え
ないという点は事実だが，一方でグルーにしたがうならば，一般的には障害者
であること（being disabled）の良さを見つけるのが難しいという点も，また事実で
ある（Grue 2016：843-845）．だが「身体的な達成は，他の種類のそれよりも容易に
視覚化することができる」．それゆえに「障害者の肯定的な描写は，身体的な
達成という観点で捉えるのが最も簡単」なのである（ibid.：846）．だからこそ，
元パラリンピック選手というだけでなく，人々に可視化されやすいモデルや女
優として活動するマランスがより耳目を集めるのだろう．さらに言えば，マラ
ンスは「両足を切断したからといって，できないことはなかったと語」ってい
る（VOGUE JAPAN 2020）．だがグルーは，次のように論じる．

> エンパワーメントのレトリックや感動ポルノは，「障害者（disabled people）は
> 何でもできる」という単純なストーリーの変種を語っているのである．し
> かし，それは明らかな誤りである．障害者は，障害のない人（non-disabled peo-
> ple）と比べて「何でも」できるわけではない．他の人と同じように，自分
> の身体と住んでいる世界によって制限されているのだ．人間には，少なく
> とも19世紀半ばからわれわれが「正常範囲」と呼んできた範囲の内外で，
> 異なる能力がある（Davis 1997）．健常者にさまざまな達成能力を持つことを
> 認めるなら，障害者にもそれが当てはまると認めるべきだろう（Grue 2016：
> 846-847）．

その上で，グルーはヤングが示した「インスピレーション・ポルノ」の定義
に対して以下のような修正を提示する．

> インスピレーション・ポルノとは，障害（ディスアビリティ）を，望まし
> いが望ましくない特性として表現することであり，通常インペアメント
> （障害）を，ある人物の生物物理学的な欠損として視覚的または象徴的に
> 明確に示す．その欠損は身体的な卓越性を示すことによって克服すること
> ができるし，また克服しなければならないのである（ibid.：847）．

さらに「視覚的，象徴的，概念的な方法でディスアビリティをインペアメン

トとして（disability-as-impairment）分離しようとする衝動が根強くあり，また常に問題視されていることを強調したい」とグルーは述べる（ibid.：847）．筆者はグルーの主張に大いに賛同するが，グルーが示した定義につけ加えたいことがある．言い換えるならば，筆者は「感動ポルノ」を，次のように定義するということである．「感動ポルノとは，障害（ディスアビリティ）を，望ましいが望ましくない特性として表現することであり，通常インペアメント（障害）を，ある人物の生物物理学的な欠損として視覚的または象徴的に明確に示す．その欠損は身体的な卓越性を示すことによって克服することができるし，また克服しなければならないのである．しかしながら，それを示すことができる人間は限られている．それゆえ，身体的な卓越性を示すことそのものがファンタジーなのであり，さらには別のファンタジーが存在するものである」と．二つのファンタジーのうちの一つは，くり返しになるが，技術を用いて優れた身体能力を発揮することである．これに該当し最も可視化しやすいのは，義肢や競技用車椅子の使用によるものだろう．高性能なこれらを用いた身体のサイボーグ化については，デイヴィッド・ハウ（2011）や，デイヴィッド・ハウとカーラ・シルヴァ（2017）が詳細に論じている．もう一つのそれは，障害者が障害者でいることだ．ヤングが法学の講義中に「やる気を起こさせる，感動的なスピーチ」を求められ，ピアーズが「歩ける」と言って記者に戸惑われたように．障害者は法学よりも，感動的な話をしなければならないし，車椅子ユーザーが歩いてはいけないのである．「感動ポルノ」は，健常者が「下には下がいる．彼らよりはマシだ」と思うためのものでもあり，それが壊れるようなことはあってはならないのである．たとえ，高性能な義肢を使用して並外れた結果を残したとしても，健常者にとって「障害者は障害者」であるから感動するのである．その絶対性は維持され続けるのである．

2．「障害者は障害者」——「感動ポルノ」と『24時間テレビ』の罪

テレビはそのマスメディアとしての性質上，視聴者にとって最大公約数的に「わかりやすい」障害者像を提示してきた．とくに日本では，……しばしば障害者は「かわいそうな存在」「がんばっている存在」として描写さ

れ，それを見る視聴者が（当たり障りのない範囲で）「手軽に」感動を味わうための素材として消費の対象に転化されてきた（塙 2018：30）．

　塙幸枝の指摘通り，障害者を「『手軽に』感動を味わうための素材として消費」している代表的な例が『24時間テレビ』だと主張しても，決して過剰ではないだろう．『24時間テレビ』は「感動ポルノ」と切っても切れない関係にあると言って構わないはずである．2023年8月26日と同27日の放送で46回目を迎えたそれは，1978年に放送が開始されたものである．番組サイトより趣旨を抜粋すると，以下のように記されている．

　　1978年（昭和53年），日本テレビ開局25周年を記念し，テレビの持つメディアとしての特性を最大限に活用し，高齢者や障がい者，さらには途上国の福祉の実情を視聴者に知らせるとともに，広く募金を集め，思いやりのあふれた世の中を作るために活用する，との企画意図で始まりました．……ともに同じ地球上に生きる人間として，さまざまな理由で苦しんでいる人々をこれからも支援していきます．またテレビメディアとしての機能を遺憾なく発揮し，私たちに何ができるかを訴え続けていきます．

　同サイトでは文言以上の説明はされていないため，「思いやりのあふれた世の中」が指す内実は不明瞭である．だが番組の最初期（1978年・1979年）は，移動入浴車の手配や，電動車椅子の普及による障害者の社会参加の推進など「社会変革に寄与していたことに間違いな」く，「当時は画期的」だった（玉木 2018：39）．しかし，近年は寄付金の用途も前面化されず「年に一度のフェスティバル」と化していると，玉木幸則は指摘する[13]（同書）．さらに，玉木は次のように続ける．

　　見ていてキツいなぁと思うのは，障害のある人のチャレンジ企画．足の不自由な人が山に登る．それを見ている芸能人たちが涙し，感動する．なんか，気持ち悪くないでしょうか．足の不自由な人が山に登っているから感動するのですか．それは，少し違うのではないでしょうか[14]（同書）．

　玉木の主張は『24時間テレビ』に対する筆者の感情をそのまま代弁している

が，簡潔に言えばチャレンジ企画は「感動ポルノ」そのものであり，「気持ち悪くないでしょうか」と疑問形にするまでもないと考える．塙は『24時間テレビ』が「障害者を『かわいそうな存在』『純粋無垢な存在』として，また障害を『克服されるべきもの』……として捉え」ていることは，「多様な場面のなかに散見される」と主張する (塙 2018：31)．たとえば，塙は2015年放送の，義足の少年が「速く走りたい」という願いを達成するべくトレーニングを受け，放送当日のタイム測定に臨む企画を挙げている．それは，「困難に立ち向かう義足の少年とそれを応援する番組出演者や視聴者という関係性にとどま」るものではないと，まずは述べる．そして「この企画における『速く走る』という目標設定そのものが健常者の身体を基準として成立するものである」と論ずる (同書：31-32)．

　また，本章執筆時点で最新の2022年の放送では，「手足が動かなくなる病…それでも笑顔で！ 少女の夢を叶えるパラデル漫画プロジェクト」と，「車いすの少年とジャにのちゃんねる 心をひとつに！ 集団フォーメーションダンス」の二つが玉木の言うチャレンジ企画に該当する代表的なものだろう．前者は，腫瘍による首の脊髄圧迫のため手足が動かなくなった少女が，口にくわえたペンで絵を描き，パラパラ漫画を制作するというもので「大変な病と闘いながらも，常に前向きで家族を楽しませたいと，笑顔を絶やさない」少女だと説明されている．後者は，先天的な要因で車椅子ユーザーである少年が総勢40名で，集団のフォーメーションダンスを披露するというものであった．この少年については，「明るく前向きな性格で車いすバスケットボールやスポーツクライミングなど様々なスポーツに挑戦し，昨年 (筆者補足：2021年) の東京オリンピックの聖火ランナーにも選ばれ，見事に役目を果たした」と記されている．これら二つの企画がいかに「感動ポルノ」そのものであるか，少しだけ詳しく見てみよう．

　まず，前者の少女は「大変な病と闘いながらも，……笑顔を絶やさない」ようである．この点ですでに「愛らしくあること lovable」という「あるべき障害者像」を満たしている．パラパラ漫画の出来はここでは関係がないが，口にくわえたペンで絵を描く行為は，前節で言及したように健常者の規範に背くものであり，彼らの理解可能性を超える．だからこそ，健常者は少女の姿を目に

して，自分たちの正常性を確認し「下には下がいる」と安心するのである．加えて，その行為は（絵の才能とは別に）手の動かない人全員ができるわけではないため，一種のファンタジーと解釈できる．そのように解釈すれば，このファンタジーが感動を生むというわけである．

　一方の「明るく前向きな性格」とされる後者の少年は，車椅子ユーザーであるということが鍵だと筆者は解釈している．突き詰めて言えば，フォーメーションダンスに，踊る当人の性格は関係がない．しかし，それが車椅子ユーザーを修飾する言葉となると，途端に別の意味を帯びる．本人の「明るく前向きな性格」が，容易に"頑張る障害者"というファンタジーと結びつけられるからだ．前田拓也 (2016) が言うように「当然，実際の障害者は，みんながみんな常になにかを『がんばってる』わけでも」ない．しかし"頑張る障害者"こそが「あるべき障害者像」なのであり，この少年も（メディアに形容される）本人の性格と，さまざまなスポーツを行っていることをもって，それを満たしていると解釈されるのである．したがって，この少女と少年は手足が動かない，あるいは車椅子ユーザーであることをもって障害（インペアメント）を象徴的に明示している．またそれを各々，口にくわえたペンで絵を描いたり，フォーメーションダンスに取り組んだりすることで「克服」しているが，そこにはファンタジーがある．二人に共通するファンタジーとは，各々が「それでもやはり障害者」という点である．

　くり返しになるが，健常者は口にくわえたペンで絵を描かないだろうし，どれほどダンスの技術が優れていても車椅子では踊らないだろう．二人の姿を見て健常者の優位性を無意識に確認し，「彼らよりマシだ」と思う視聴者は一定数いるのである．そして，そのような視聴者に限らず，正確に言えば『24時間テレビ』の大多数の視聴者と出演者にとって，二人の行為そのものがファンタジーなのだ．健常者にとっては，自分に起こりそうにもないファンタジーであるがゆえに感動するのである．加えて，2017年放送分の登山に挑む義足の女性は「何でもできる姿を両親に見せたいと」思ったようだが，グルーが指摘するように，障害者は健常者と比較して「何でも」できるわけではない．当然ながら，健常者よりもさまざまな制限がかかることは避けられないだろう．したがって，この女性が「何でもできる」と言う／思うことそのものがファンタ

ジーなのである．そして，そのファンタジーを必要とするのは障害者以上に，それによって「感動」したい健常者の方だろう．

　「社会変革に寄与していた」と言われていたはずの『24時間テレビ』である．だが，1990代前半から現在に至るまで「テレビメディアとしての機能を遺憾なく発揮」して行っているのは，障害者を「感動」の道具として消費することであり，健常者の優位性の再確認なのである．それが『24時間テレビ』流の「私たちに何ができるかを訴え続け」ることなのだろう．その点で，「頑張る障害者」というメディア表象が差別的描写に当たると明確に記している英国BBCとは，雲泥の差があると言ってよいだろう[15]．

3．「感動」に隠蔽される服従化

　『24時間テレビ』の，特にチャレンジ企画に登場する障害者は健常者の「感動」の対象として物体化されているのだから，グルーが言うところの主体 (disabled subjects) すなわち自律的な個人ではない．健常者との関係において，彼らの優位性を際立たせる形で主体化されている．この主体化は健常者への服従化と言い換えることができる．第2章で告白による服従について論じたが，厳密に言えば『24時間テレビ』に登場する障害者は，健常者に告白しているわけではない．しかし，口にくわえたペンで絵を描くにせよ，義足で登山するにせよ，車椅子で踊るにせよ，そのままの姿をテレビに映すことで本人の意志とは無関係に「障害者になる」．あるいは，障害者にされる．そして，障害者であることが真実になるのである．

　告白が大きな力を持つようになってからは他者に対しての従順が目的となり，それには終わりがないということも前章で述べたが，障害者も同様であると筆者は主張する．『24時間テレビ』の障害者のチャレンジ企画には，少なくともホームページで放送内容を確認できる2012年以降2022年まで，芸能人（健常者）がサポートという名目で参加している[16]．実際に参加している芸能人らに意識はなくとも，サポートする健常者／「頑張る障害者」という構図は存在している．また，一緒に絵を描いたり山を登ったりする際も，当然のように芸能人（健常者）は手で絵を描き，足で山に登るだろう．そこでは一般的な意味にお

ける健常が明示され，障害者はそれと異なることが明確になる．言語化されて
はいないが「私（障害者）は，あなた（健常者）とは異なる人間だ」と，障害
者が自分自身について告白しているようなものである．また，その逆もしかり
である．もっとも根本的に，サポートする健常者／「頑張る障害者」という構
図が従順な関係を生じさせていると言える．これは，障害者が実際にサポート
を受けるということが問題なのではない．問題の所在は，健常者が障害者を
そのような存在だと捉えている点にあり，そして『24時間テレビ』が，障害者を
そのような人間だと表象する点である．また『24時間テレビ』として，この構
図の逆転はあり得ないことから，従順な関係も永続する．さらに言えば，当人
たちにとっては口にくわえたペンで絵を描くことや義足で生活することが「普
通」であったとしても，それらが一般的には「普通でない」とされる点は承知
しているはずである．それに対して個々人で折り合いをつけていようがいまい
が，テレビでは「普通でない」ことをもって障害者として表象される．そこに
個々人の意志は存在しない．障害者は己の意志を滅却して，健常者の規範に
「健常者とは異なる人間」として従い，あるいは従わせられるのである．

　しかしながら，当然ながら『24時間テレビ』の内において，上述のような解
釈は描かれないであろう．おそらくすべてが「感動」の一言で，隠蔽されてい
るはずである．その上，その「感動」は健常者に都合のよいものである．完成
したパラパラ漫画やフォーメーションダンスの出来は感動を呼ぶかもしれない
し，当人たちはそれを見る者の心を打つ作品になることを目指すだろう．その
意味における感動の可能性は，十分にあり得る．だが，彼らは自分が障害者だ
からという理由で感動されたくはないはずである．少なくとも，筆者が彼らの
立場ならば，そのようなことは拒否する．もちろん『24時間テレビ』の視聴
者・出演者のすべてが，障害者のすることに感動しているわけではないという
点は理解している．しかし，やはりチャレンジ企画に登場する人間が「障害
者」であるから感動するという視聴者・出演者は一定存在するのである．その
ような人々にとって，企画内容は関係がない．内容がどうであれ，感動するだ
ろう．問題は，絵を描く少女やダンスを踊る少年に己が障害者であるという意
識があるか否かとは無関係に，少なくともテレビカメラが回っている間は，感
動の担い手としての障害者でいなければならないということにある．それは

「下には下がいる」「ああでなくて，良かった」と考えたい，健常者のためである．くり返すが，そこに障害者（とされる人々）の意思はない．ただひたすらに，感動したい，もしくは一般的に流布されている障害者像を期待する健常者に従うのである．

『24時間テレビ』によって引き起こされる「感動」が覆い隠すもの，それは障害者が「『頑張って』『障害を乗り越え』ないと……受け入れられないのではないかと思わせられ」ることだけではない (玉木 2018：45)．サポートする健常者／「頑張る障害者」という構図から生じる従順な関係，さらには健常者に従い，自己の意志を滅して障害者にならなければならないことである．もっと言うならば，障害者が健常者に服従することで主体化しているという点をも，隠してしまっているのである．さらにつけ加えるならば，障害者が負っているこれらのことを要求しているのは『24時間テレビ』の出演者や，それを見て感動している視聴者だという点そのものを隠蔽しているのである．

本章では主に服従するのみの主体としての障害者を取り上げた．だが，ヤングは健常者が多くを占めたであろう聴衆を前に，明確に感動ポルノを批判して「真なることを語」ったという点で，服従しながら服従しない主体と言える例外かもしれない．次章では服従しながらも，一方で既存の規範や障害者像に異議を唱え，ヤング以上に新たな主体化を試みたものとして「青い芝の会」を参照する．それにより『24時間テレビ』で描かれるような「感動」の対象ではない，また別の障害者像が浮かび上がってくるだろう．

注

1　英語圏の文献では，そのまま「インスピレーション・ポルノ」と使われており，「感動ポルノ」という訳語を当てはめると，文脈上，不自然な場合がある．よって，英語からの引用の場合は，あえて訳さず「インスピレーション・ポルノ」を用いることもある．少し論点はずれるが「日本語圏の者には，『感動』という訳が用いられるだけで，『ああ，あのへんの，あの感じね』と『ピンとくる』ものがある．そうした『あの感じ』の最たるものが，『『24時間テレビ』的なるもの』だと言ってよいのではない」かと主張する論者もいる（前田 2016）．

2　前田拓也（2016）は「感動ポルノ」の問題点を二点に絞って指摘する．一つは「メディアを通して『あるべき障害者像』を流布し，強固にしている点」である．「あるべ

き障害者像」について，前田は石川を引用し「「愛やヒューマニズムを喚起し触発するように振舞うこと」「愛らしくあること lovable」「"障害を補う"努力を怠らないこと」（石川 1992：118）だと論じる．もう一つは「障害者が，社会のつくりだした不利を『克服』すべく『努力させられている』という側面を『感動』が隠蔽してしまう点」である．前田は「感動」が（障害の）個人モデルを温存させていると主張するが，まさにそのとおりである．

3　ヤングは一般の聴衆を前に講演しているため動画の日本語訳も口語調だが，本稿の流れに合わせて論文調にしてある．

4　先天的な脳性麻痺があり，NHK の『バリバラ』に出演している玉木幸則は「まさに，かゆいところに手が届く名言といっていいと思っています」と述べる（玉木 2018：40）．

5　稲原美苗は，バトラーの「異性愛のマトリクス」（身体やジェンダーや欲望を自然化するときの認識格子であり，理解可能性を作りあげるもの）を援用し，「健常者のマトリクス」を提示している．稲原は「異性愛のマトリクス」を「身体やジェンダーや欲望を自然化する時に正常性を定義する規範」（稲原 2016：43）として用いている．これを「健常者のマトリクス」に当てはめるならば，「身体や能力や欲望を自然化する時に正常性を定義する規範であるとともに，理解可能性を作りあげるもの」とでも言うことができるはずである．

6　本章では取り上げないが，「感動ポルノ」の"ポルノ"という言葉に着目して「非セクシュアルなイメージや表象が『ポルノ／ポルノグラフィ』という表現を獲得する方法を考察」し（Thorneycroft 2023：2），「障害学における『感動ポルノ』と『ポルノ』の無批判な混同」を問うものもある（Thorneycroft 2023：2-3）．

7　筆者は，実際に雑誌の内容を確認することができなかった．

8　マランスのファーストネームの記し方にはばらつきがあり，どちらが正確なのか（どちらも認められているのか）判断がつかなかった．そのため，ここでは二つを併記した．

9　マランスが雑誌の表紙を飾った写真は，2009年の TED で見ることができる．

10　1994年から2002年にかけ，全五作品として制作された映像シリーズで『『クレマスター』サイクル」と呼ぶのが通説的なようである．制作順と作品番号は一致しておらず，最初（1994年）が『クレマスター4』で始まり，最後（2002年）は，マランスも出演した『クレマスター3』で終了する．そもそも「クレマスター」とは「睾丸につながる腱をつつみ，温度によって伸びたり縮んだりする筋肉のこと．母体内の胎児が未分化で性別が確定する前に形成され，卵巣と陰嚢の間に存在」しているもので，その「曖昧さが作品に通じる点から，（筆者補足：作品の）タイトルとされている」ようである（シネフィル 2017）．

11　ドレザルにしたがうならば，"posthuman"（「ポスト・ヒューマン」）の中心的な役割は「万物の尺度としての人間を脱中心化することであ」り，「普遍的な合理性と世界に対する疑いの余地のない支配力をもって活動する，特異で自己完結的な意識としての主権者たる人間という概念を根底から覆すものである」とされる（Dolezal 2017：60）．

12　VOGUE JAPAN の過去の記事を見ると，マランスは「戦うモデルたち」という特集で取り上げられている．記事のキーワードには「障がい／DISABILITY（原文ママ）」も示されているが，おそらくマランスは，一般的な意味におけるモデルの一人として登

場したものと推測できる.

13　岡田芳枝（2016）によるならば,『24時間テレビ』において「頑張る障害者を応援する」という演出スタイルが定着したのは, 視聴率低下を受けて番組を大幅にリニューアルした後の1992年である. 障害者を取り巻く状況は, 良くも悪くも変化しているにもかかわらず,『24時間テレビ』は1990年代からずっと, 障害者に対して「『頑張る人』『感動』という切り口しか用意してこなかった」と岡田は指摘する（岡田 2016：27）.

14　玉木は言明していないが「足の不自由な人が山に登る」という「チャレンジ企画」とは『24時間テレビ』のサイトを見ると, 2017年に放送された, 義足の女性が「何でもできる姿を両親に見せたいと……槍ヶ岳登山に挑戦」した企画を指すと推測できる.

15　塙（2018）の議論を参照のこと.

16　COVID-19パンデミックに突入した2020年は少々毛色が異なるようだが,「盲目のパラリンピック母と息子の物語」という企画には, 芸能人も加わっている.

第 4 章

服従化と自己主体化の両立
―――「青い芝の会」の戦略的なアイデンティティ・ポリティクス

　前章では，健常者に服従する（のみの）主体としての障害者を描き出した．
それに対し，本章は服従しつつ，すなわち障害者であることを引き受けつつ，
新たなそれの主体化を目指した側へ目を転じよう．本章では，その例として，
日本脳性マヒ者協会青い芝の会（以下，「青い芝の会」）に着目する[1]．また，そ
のような主体とアイデンティティ・ポリティクスとの関係についても「青い芝
の会」を例に分析を行う．最初に断っておくが，アイデンティティが本質的か
つ一枚岩的なものではないこと（新垣 2000）や，新たなカテゴリー化を生むと
いった，アイデンティティ・ポリティクスに対する批判（後藤 2007）がある点に
は当然，注意しなければならない．一人の人間が，たとえばゲイや障害者とい
うような一つのアイデンティティのみで構成されることなどあり得ないからだ．
それらの批判を踏まえた上で，それでもなお本章では，あえて障害者というア
イデンティティを強調する選択肢を採った「青い芝の会」の障害者らが，健常
者への服従による主体化だけでなく，新たな自己主体化の一つの様相の両方を
示したことを論ずる．

1. 「青い芝の会」と障害児殺害減刑嘆願運動

　「青い芝の会」については，すでに多くの先行研究で取り上げられてきた．
そのため詳細は省き，ここでは主として荒井祐樹（2017）の『差別されてる自覚
はあるか』に依拠しながら，ごく簡単にそれに言及しておく．「青い芝の会」
は，言うまでもなく，日本における代表的な障害者運動の団体の一つである．
倉本智明は「青い芝の会」が最初に「差異派」の路線を打ち出した団体である
と主張する（倉本 1999：221）．「平等派」と「差異派」についてもすでに知られて

いることだが，同じく倉本によるならば，前者は「社会的障壁の除去により，障害者／健常者という差異が消滅し，差別のない社会が現出するとみなす主流派障害者運動」を指す（同書：220）．それに対して，後者の「差異派」は，たとえ障壁がなくなったとしても，健常者とは異なる自らの身体が残るという事実に目を向ける．この身体を前にするならば，健常者と「同じ人間」「同じ市民」として生きることが障害者に幸福をもたらすのか．そうではなく，障害者は障害者にしかない独自なものに目覚め，そこを出発点としなければならないのではないかと考える（同書）．前者が主流派なのであれば，こちらは少数派ということになろう．さらに，倉本は「青い芝の会」について次のように述べる．

> 欧米で社会モデルの理論化が本格化するはるか以前，一九六〇年代末から七〇年代初頭，日本の障害者運動は既にターニングポイントを通過していた．それまでの障害者運動が要求してきたものといえば，もっぱら，医療や教育を通じての障害の克服・軽減であり，施設整備を中心とする福祉の拡充だった．これに対し，一九七〇年を前後して台頭してくる障害者運動の新しい波＝障害者解放運動は，障害をネガティブなものと捉え，その除去や軽減・矯正の必要性を自明視する考え方や，施設への隔離・収容をもって問題の解決とするような福祉のあり方に異議を申し立て，その根本的な見直しを迫った．そうした新しい障害者運動のなかでも，もっともラディカルな問いを提起し，運動をリードしたのが青い芝の会である（同書：221-222）．

また，杉野も1970年代の障害者解放運動の始まりを「青い芝の会」（神奈川連合会）に見る．杉野は，横塚晃一（〔1975〕2007）や定藤邦子（2011）を参照し「この運動は，『障害』を社会問題として根源的にとらえたという意味では，当時の障害者運動の中でもっとも『ラディカルな部分』であると言える．この運動が当時の一部の障害者と健常者に与えたインパクトは，彼らの『人生を変えた』と言ってもよいだろう」と述べている（杉野 2018：16）．

そのような「青い芝の会」の創立そのものは1957年である．脳性麻痺がある，山北厚ら三名を発起人として結成された当初のそれは「苦しい立場におかれた脳性マヒ者たちの親睦団体」であり，「レクリエーションの企画運営，お茶飲

み会，……学校に行けない脳性マヒの子どものための学習塾運営」が主な活動であった（荒井 2017：77）．その「青い芝の会」は，1960年代から70年代にかけ，大きく二つの理由で変質していく．一つは「青い芝の会」のメンバーに，救護施設出身者が加わったという内的理由，もう一つは，1960年代の各社会運動に影響を受けたという外的理由だった．そもそも「青い芝の会」の創設メンバーの何名かは東京市立光明学校の卒業生であり，裕福な家で生まれ育ったようである．そこに，生活保護法に基づく救護施設出身者が加わったわけで，彼らは創設メンバーとは異なる貧困層が中心であった．それにより，施設で生活する貧困層の社会保障を含む権利要求運動の必要性が「青い芝の会」にもたらされた．また，その後，施設を出て生活するという障害者の主体性の尊重を探る運動もなされるようになっていった．一方の外的理由は「青い芝の会」の全国拡大に寄与した．1973年4月に「大阪青い芝の会」が，同年9月には「全国青い芝の会総連合会」が結成された．また「青い芝の会」の支部拡大に大きな影響を与えたのが，1972年に制作された記録映画『さようなら CP』である[3]（同書：91-95）．本稿は「青い芝の会」について論じるものではないので詳細には触れないが，『さようなら CP』は「街の中で障害者がまるで『異物』のように」扱われている点を「するどく突いてくる映画」である（同書：95）．荒井の引用によれば，1972年12月の初上映が終わるや否や「障害者を見世物にしている」と激しく批判されたようだが（同書），この点は次章で論じる障害者プロレスと障害者の見世物論に，通底する部分であろう．

　だが，定藤によれば「青い芝の会」の運動が，上述したような内外の理由とは別に権利保障と障害者の主体性を尊重する方向に分かれていく大きなきっかけは，1970年5月に発生した障害児殺害事件の減刑嘆願運動に対し，横田弘や横塚らが「殺される側の立場」として，社会に訴えた反対運動であった（定藤 2011：37）．これは1970年5月末，横浜市で重度の脳性麻痺がある二歳半の娘が母親に絞殺された事件である．この家族は，三人の子どものうち二人に障害があり，父親が単身赴任中のため，平日は母親一人で子育てをする生活であった．施設へ子どもを預けることを希望したがかなわず，深夜に泣き出した娘を前に，母は自分と子どもの将来を悲観して，娘に手をかけてしまったようである（荒井 2017：99）．この事件は「青い芝の会」の「二枚看板の一人」[4]（同書：16）と荒井が

言う横田を障害者運動へと駆り立て，あの「行動綱領」を横田が起草した直接のきっかけとなったとされている（同書：98-99）．事件後，地元の町内会を中心に母親に対する減刑嘆願運動が行われていると知った横田は，以下のように記している．

> まず，私たちが最も怒りを感じたのは，重症児殺しの母親をとりまく……地域社会のあり方だった．母親を重症児殺しにまで追いこんで行ったのは，地域社会の「目」だったはずである．……母親を重症児殺しにまで追いこんでいった段階で，彼らが行なったことは何か．減刑嘆願運動であった．自分たちが地の底にたたき落とした母親を一度の署名……で救えると思い込む．そして，それが善いことなのだと信じて疑わない．そうした地域社会の在り方こそ実は，数多く行なわれる障害者殺し……を生み出す土壌となっているのである（横田［1979］2015：33-34）．

この事件については，さまざまな点で怒りをあらわにしていた横田が，最も怒っていたのは「母親に向けられた安易な同情と，その同情の裏側に潜む，どうしようもないズルさみたいなもの」に対してだったと言われる（荒井 2017：99）．これは横塚が，被害者となった子どもを本来の意味で思いやる健常者がいなかったことについて「これをひと口に障害者（児）に対する差別といってよいものかどうか，……これを説明するのに私は適当な言葉を知らないが，差別意識というようななまやさしい[5]もので片付けられない何かを感じたのである」だと述べたことと，通底するだろう（横塚［1975］2007：80）．健常者が抱く，健常であることへのおごりや，障害児（者）は生ではなく，死こそが絶対的な「正義」だと捉えられていたことが「どうしようもないズルさ」であり，「差別意識」のような生易しい一言では済まされない「何か」であろう．この怒りや恐怖，気持ち悪さを持って横田らは，この減刑嘆願運動を阻止すべく関係する複数の機関に，「青い芝の会」神奈川連合会の名で意見書を提出した．しかし，そこにおいて加害者となった母親を決して一方的に非難しているわけではない．意見書では，次のように述べられている．

> 脳性マヒはその重いハンディキャップの故に採算ベースにのらないとされ，

……働かざる者人に非ずという社会風潮の中では私達脳性マヒ者は「本来あってはならない存在」として位置づけられるのです．……本裁判においてもしも無罪の判決が下されるならば，その判例によって重症児（者）の人命軽視の風潮をますます助長し，脳性マヒ者をいよいよこの世にあってはならない存在に追い込むことになると思われます．私たちは被告である母親を恨む気持ちはなく，ことさらに重罰に処せというものでは毛頭ありません．それどころか彼女も又，現代社会における被害者の一人であると思われます（横田［1979］2015：40-41）[6]．

　この意見書は，横塚の言葉で言うならば「九九％の常識に一石を投じる」目的があった（横塚［1975］2007：77）．また，横塚は「普通，子供が殺された場合その子供に同情が集まるのが常」であるが，「今回私が会った多くの人の中で，殺された重症児をかわいそうだと言った人は一人もいなかった」とも言う（同書：80）．一般的な「九九％の常識」では「かわいそう」なのは，生活の多くの場面において，一人で二人の障害児を育てなければならなかった母親であった．それに対し，横田らがこの事件で問題にしたのは「障害者が殺されるのが『当然』であり，救わなければならないのは母親のほうなのだとする健全者社会のあり方」であった（横田［1979］2015：42）．それと同時にもう一つ，脳性麻痺がある者が「本来あってはならない存在」とされていることも問うていると，意見書からは読める．だが「障害者域は，障害児を持つ家庭がおかれている社会的情況つまりこの事件の持つ社会的位置づけというものが浮き彫りにされるということは幻想に帰してしまった」という横塚の言葉がある（同書）．そこから分かるように，健常者中心の社会のあり方も，脳性麻痺がある者（ひいては，障害者全般）が「本来あってはならない存在」にされていることも，社会はこの事件を通して自明の理としたのである．

　横田らにとって「本来あってはならない存在」というものは，逆説的に重要であったと筆者は考えている．彼らは，己がそのような存在にされていることを引き受けた上で，次の行動を起こしているからだ．それが，健常者に服従する障害者としてのアイデンティティ・ポリティクスである．それだけでなく，新たな障害者の主体化にもつながるのだが，こちらの詳細は次節に譲る．

事件の方へ筋を戻すと，横田はこれ以外にも，同様あるいは類似した事件に
おいて「障害者を殺そうとするもの」(同書：21) が何か，なぜ障害者が殺される
のかを考察している．論点はいくつか示されているが，ここでは本章の議論に
関連する点に絞って拾っておく．横田によるならば，親は子どもを産むことで，
子どもに「己」を見る．また「己の飽くなき願望と期待を子の可能性の中に見
出そうとする」のは，子どもを自分と未来をつなぐ「虹の橋」と捉えるからだ
と言う．そして，障害のある子どもを産むことが「虹の橋」や「己の崩壊」に
なるのは，自らの「願望と期待がものの見事に崩壊していくのを見詰めなけれ
ばならない」からだと主張する (同書：22)．横田によればそれに加えて，親には
障害のある子ども，すなわち「『異物』『異形』のものを産んだことへの……恐
れと恥ずかしさ」がある (同書)．それは岡原正幸が言う「障害を持つ子を産ん
でしまったという罪責感」でもあるだろう．親にしてみれば「健常」な自分が，
自分と同じ健常な子どもを産めなかったという自責の念だとも言える．この罪
責感から「普遍的に価値があるように語られる愛情という鎧をまとう」た親と
子の『運命共同体』というような「抜きさしならぬ人間関係が作られてしま
う」のである (岡原［1990］2012：132-133)．障害者が「あってはならない存在」だと
見なされるのは，「生産活動ができ」ず「存在価値が」ないからである (横田
［1979］2015：22)．言い換えれば，生産活動が可能だという点で個々人の存在価値
を認めるのが健常者であり，子どもを「虹の橋」と捉える親なのである．その
ような価値観を持ち，それを子どもに託すからこそ「願望と期待がものの見事
に崩壊していくのを見詰め」るのは，耐え難いことなのだろう．さらに言えば，
他でもない親自身が子どもの存在価値を否定しているがゆえに，親の会が「生
存権を社会から否定されている障害児を殺すのは，やむを得ざるなり行きであ
る」と主張できるのである (同書：33)．障害児（者）の生存権を否定している
「社会」には親も含まれるのだが，抗議文を読む限り少なくとも当時の「神奈
川県心身障害者父母の会連盟」は，その点は無自覚であると解釈できる．たと
え親の会が主張するように，親たちが望む重症児対策が確立されたとしても，
親を含めた当時の社会全般が障害児（者）の生存権を認めるとは，筆者には思
えないのである．
　横田らを中心とした「青い芝の会」が「『私達を殺すな』と叫び続けている」

（同書：21）もしくは叫び続けていたのは「生産活動」の内容を問うことなく，個々人の生産性と社会的存在価値を結びつけ自明視してきた健常者中心の社会に，それらの自明性を問い返すためであったと言える．

2．「いなかったことにする暴力」に対する抵抗としての「障害者」の引き受けとアイデンティティ・ポリティクス

　杉野（2018）は「青い芝の会」の「行動綱領」にアイデンティティ・ポリティクスを見て取っており，筆者もそこには賛同する．しかし「青い芝の会」におけるそれは「行動綱領」に限るわけではないということも，同時に主張する．フーコーがキリスト教における告白行為の考察で「話すこと」が主体化のための重要な要素の一つであり，自己について語らなければ主体になれないと論じたことは第2章の通りである．「青い芝の会」のメンバーが障害児殺害について声を上げ，異議を唱えたのは「障害者」という主体になるため，主体化されるためであった．ここで言う主体になるとは，障害者として存在するという意味である．障害児殺害が頻発していた1970年代，健常者の「正義」によって殺められないためには，自律的に自らの意志で「障害者になる」必要があった．だが，健常者の意のままにされ，ひとまずは彼らに従う形で障害者になっていても，自己の意志は働くと示したのが「青い芝の会」だと筆者は考えている．ここでは，その服従する主体の自律性や自己の意志を保障するものとして，アイデンティティ・ポリティクスを考えてみる．

　長野慎一はアイデンティティ・カテゴリーに対する，バトラーの抵抗を考察するなかで，以下のように論じている．

　　男性，女性，異性愛者，同性愛者，こうしたカテゴリーが，自己，および他者を理解するにあたり，必要不可欠なものであり，それがなければ，社会的存在自体の確実性が溶解してしまうものであるとすれば，同語反復的な言い方になるが，そうしたカテゴリーは，「主体」の存在にとって不可欠なものと言えるだろう（長野 2003：76）．

　長野が指摘するようなセクシュアリティに関わるものに限らず，また個人の

意思がどうであれ，カテゴリー化は社会的に存在するために必要だと考えられ
ていると言ってよいだろう．なぜなら，人をさまざまに「区別する」ことで社
会が成立し，その内側で人は他からの承認を得ながら生きているからである．
人間は単に「生きている」のではなく，あくまで「社会のなかで」生きている．
（カテゴリー化が）「社会的に存在するために必要」だというのは，この意味で
ある．続けて，長野は「フーコーが述べるように，特定の性の位置へと呼びか
けられることが『主体』の成立に先立つのであれば，『主体』の成立とは，呼
びかけへの隷属化に他ならない」と主張する (同書：76)．このことは「主体にな
る」には他者への服従が必要だと論じている武田と共通する．たとえば「特定
の性」や健常者という他者＝自分ではないものに従うことで初めて，自己がで
きあがるのである．また長野によるならば，異性愛と性差別を前提にした社会
では，女性や同性愛者というアイデンティティの引き受けが，「劣位な項とし
ての位置どり」になる (同書：76)．しかしバトラーは，それがアイデンティティ
を与え社会的次元における存在を約束するという理由で，劣位の項は自己の本
質を示すものとして引き受けられる可能性があると論じている (Butler 1997＝2012)．
「性差別や異性愛主義が刻印された言説にとって『女性』や『同性愛者』は，
『主体』としての十全の表象を与えられない，理解不可能性の領域に属するも
のなのだが，……そうした社会的名称すらは，理解可能性への参入を争う准拠
点になりうる」と長野は論じる (長野 2003：76)．それゆえ，バトラーの「自己の
本質を示すものとしての劣位の項の引き受け」は，社会的に生きるための戦略
と言える．バトラーにおけるレズビアンの引き受けは，劣位の項への従属とし
ての主体の成立であると同時に，生存の手段としてのアイデンティティ・ポリ
ティクスでもある．なぜならば「アイデンティティ不在の位置は，究極の不可
能性」だからである (同書)．この議論を「青い芝の会」に代表される障害者に
当てはめてみよう．健常であることと障害者差別を前提とした社会では，障害
者というアイデンティティの引き受けが「劣位な項としての位置どり」になる．
また，「障害者差別や健常者至上主義が刻印された言説にとって『障害者』は，
『主体』としての十全の表象を与えられない理解不可能性の領域に属するが，
そうした社会的名称さえも理解可能性への参入を争う准拠点になりうる」とい
うことになる．ただし，バトラーや長野のセクシュアリティの議論と「青い芝

の会」が抗議活動を行っていた時期の障害者を取り巻くそれには，大きな違い
もある．「女性」や「同性愛者」というカテゴリーを引き受けて社会的次元に
おける存在を認められる人々は，それによって物理的に生命を脅かされること
はひとまずないと言ってよいだろう．だが，少なくとも1970年代における「障
害者」のカテゴリーの引き受けは，社会的存在としての承認を得ることではあ
るが，同時に自らは「殺される可能性のある者」として生命を危険にさらすと
いう矛盾を伴うものであった．減刑嘆願に対する意見書でも，のちの「行動綱
領」においても「青い芝の会」は，一般社会における理解可能性への参入など
望んでいないが「障害者」の引き受けは，明らかにそれとしての生存の手段で
ありアイデンティティ・ポリティクスであった．

　「青い芝の会」が採った，自らの生命と障害者の社会的・物理的承認の獲得
を天秤にかけるという行為を，そして後者をより重くみたということを別の角
度から検討してみる．

　1990年代にレズビアンであることを公表した掛札悠子は，「抹消（抹殺）さ
れることへの怒りは（少なくともそれだけは），永遠に私自身のものだと今，
思う」と主張する (掛札 1997：170)．この掛札の主張について，藤高和輝は「90年
代に掛札は，レズビアンの存在を社会的に『抹消』する暴力のなかで，それに
抗して，レズビアン・アイデンティティを引き受けた」と解している (藤高
2017：70)．いわゆるセクシュアル・マイノリティとされる人々が自死を選ぶ確
率は，異性愛者よりも高いとされることから (同書：71)，彼らは社会的に抹殺さ
れるだけでは済まない存在になっていると言える．これは，横田をはじめとす
る「青い芝の会」も全く同じである．違うのは時代だけであり，横田らは1970
年代に障害者の存在を抹消する暴力の中で，それに抗して「障害者」というア
イデンティティを，劣位の項を引き受けたのである．また，藤高はバトラーの
「承認を求める欲望」を参照しつつ (Butler 2004)，他者から社会的に認められるか
否かということが人の生存を左右する要素の一つだと指摘する (藤高 2017：71)．
それはバトラーの言葉では「自分自身の存在に固執する」こと，すなわち「存
在することへの欲望」と表されるものである (Butler 1997＝2012：39)．藤高によれば，
社会的承認を得られないことは「社会的な死」を意味する．そして藤高は，バ
トラーが "violence of derealization" (Butler 2003：22) と呼ぶものを「いなかったこ

とにする暴力」と訳している (藤高 2017：71). そして「ある意味で, アイデンティティ・ポリティクスはこの『いなかったことにする暴力』に対する政治的な闘いであった／ある」と論じるのである (同書).

　まさにバトラーや藤高が言うように,「青い芝の会」の「私達を殺すな」という主張は「いなかったことにする暴力」に対する抵抗である. 社会的な死を与えられる存在であるだけでなく「青い芝の会」のメンバーは文字通り殺される存在であるだけに, より切実な主張だとも言えるだろう. 彼らは実体としての自分たちの存在を消されないことと同時に, 社会から「障害者という存在がいる」ことを消されないために「障害者」もしくは「CP者」[8]というアイデンティティを全面的に引き受け, 過剰とも思えるほど強調するのである. そして, それにより自らの意志で「障害者」という劣位の主体になるのである.

3.「行動綱領」に見る「あってはならない存在」としての自己への配慮

　減刑嘆願反対運動の真っただ中にあって, 怒り心頭の極限だった横田が「青い芝の会」神奈川県連合会の会報誌に試案として掲載したのが, あの「行動綱領」であった. 横田が起草したのは四項であり, 1975年に「青い芝の会」全体の「綱領」として採択された際に一項追加されている (横田 [1979] 2015：219). 本章は宣言の内容そのものの分析や考察を目的とするものではないため, 改定や追加の経緯については荒井 (2012, 2017) を参照されたい. ここでは, 横田の草案した最初の四項を中心に「青い芝の会」の提示した生き方／生のあり方が新たな自己形成による主体化, また彼らの生き方や生のあり方がフーコーの示した「自己への配慮」や「別の生」の典型例であると言えることを論ずる. だが, その前に少し紙幅を割き, 四つの宣言が服従による主体化にも作用している点を明確にしておく.

　「青い芝の会」神奈川県連合会の会報誌の編集を担当していた横田が, 自身の思想も反映させつつ草案した宣言は「CP者の基本的テーゼ」[9]だった. 内容が乱暴だ, 過激だという意見もあったようだが, 横田にすれば「当たり前のことを言ったまで」であり,「脳性マヒ者が, 脳性マヒ者として生きようとする場合, ……人類文化そのものの見方, 捉え方自体, 健全者とは異なった視点で

なければならない」という思いがあった (横田 [1979] 2015：113)．横田には「脳性マヒ者の存在自体が人類文明の矛盾の結果生じたもの」という考えがあり，脳性麻痺がある人間の存在理由は「人類文明の矛盾の具現者」であることだと仮定する．横田がそう考えるのは，人間以外の動物，哺乳類に限らず魚類や爬虫類にも脳性麻痺は見当たらないからである．それゆえに，脳性麻痺がある人間は（人類文明の）「矛盾そのものを問い続ける作業を行なう」必要があり，「宣言は，矛盾を問い返す作業の，ほんのささやかな第一歩」なのである (同書：114)．脳性麻痺が「人類文明の矛盾」であるかどうかは定かではないし「矛盾」が指す内容も判然としないが，脳性麻痺がある人間は健常者とは異なると，横田が考えていたことは明らかだろう．

　だからこそ，宣言の第一項に「われらは自らが CP 者であることを自覚する」と掲げられているのだろう．そして「われらは，現代社会にあって『本来あってはならない存在』とされつつある自らの位置を認識し」と続く (同書：112)．宣言全体を貫く核心にあるのは「本来あってはならない存在」というものだと，筆者は考える．横田自身もくり返しているが，脳性麻痺の人間が殺されるのは「労働力とならない」からであり「異物」であり「ダメな肉体」だからである．このことを，横田は「やはり伊耶那美以来の『異物』排除の論理が加害者（健全者）の意識下に厳として存在しているのである」と論じる (横田 [1979] 2015：115)．伊耶那美神話の影響についての正否は別として，資本主義体制が障害者を排除してきたことは事実であり，オリバーもそれを指摘しているのは周知のことである．(Oliver 1990)．「『障害者』は資本家に利益をもたらさない」「ダメ」な「肉体」として規定されるがゆえに，現代社会においては『『本来あってはならない存在』という」論理が成り立っていると，横田も言う (同書：116)．だからこそ自分たちが「本来あってはならない存在」と位置づけられていることを認識し，それを引き受け，健常者中心の社会に異を唱える必要があるということだろう．障害者が「あってはならない存在」と見なされるのは，健常な親を含めた健常者の秩序の中においてである．

　「強烈な自己主張を行う」というテーゼも，同様に解釈できる．「本来あってはならない存在」だと一方的に位置づけたのは健常者であり，「自己の存在，それは何ものにもかえ難い自己そのものなのである」と横田は言う．自分たち

が健常者によって「本来あってはならない存在」だとされたことを認識することと，そのように自己を規定するというのは話が別なのである．そのような自己規定は「完全な自己否定にまで追い込まれ」ることになると，横田は指摘している（同書：117）．だからこそ，「本来あってはならない存在」というアイデンティティを持ちながらも，自己主張の必要性を強く感じていたと言える．

　「愛と正義を否定する」，このテーゼが最も強烈かもしれない．「親の愛」によって殺される側が突き付けたのは，くり返しになるが，自分の子どもを「本来あってはならない存在」だと思っていたのがほかでもない親自身だということである．そして「愛」という名のエゴを原点に「障害者」が抹殺されるのである（同書：119）．一方，横田が「説明するまでもあるまい」とした「正義」は「絶対多数者の論理であり，『抹殺する側』が『抹殺される側』の論理を屈服させる為に用いる名目である」とされた（同書）．この愛と正義が障害者を「本来あってはならない存在」にしたのだから，「あってはならない」とされた側はその自覚を持って，これらを否定しなければならないのである．

　「問題解決の道を選ばない」このテーゼも「本来あってはならない存在」という観点で読むことができる．「『こうすれば障害者（児）は幸せになるのだ』とする」（同書：120）ことそのものが，健常者の論理だと横田は言うだろう．障害者もしくは脳性麻痺の人間は，それを否定する．よって「問題解決を計ること自体」が健常者の論理，すなわち「本来あってはならない存在」を生み出した論理との「妥協への出発点であることを知らなければならない」のである（同書）[10]．さらに言えば「愛と正義を否定」し「問題解決の道を選ばない」ことは，障害者という劣位のアイデンティティを一旦，引き受けるのである．それは，その限りにおいて健常者との間に生じる権力の容認，またそれへの服従を意味する．そこでの権力関係の是正要求は，関係内部での「問題解決」であり，健常者への同化になることもある．健常者中心の秩序そのものやその変更・改良を否定し，それらの「外部」を求めることは，ひとまずの劣位のアイデンティティの引き受けと同義である．よって「別の外」の要求は，既存の秩序から見れば，権力による服従化＝主体化の一側面として現れることにもなるのである．

　では，服従によらない障害者の主体化を考える上では，これらの宣言はどの

ような効果を持つだろうか．まずは「自己への配慮」とこれらの宣言との関係から考えてみる．

　再度，簡単に振り返るならば「自己への配慮」とは，自らが生きる理由・根拠（すなわち真理）にたどり着くために自己を変容させることであった．「青い芝の会」のメンバー，少なくとも横田や横塚にとって，自らが生きる理由とは，障害者の生命が軽視される社会において「自己の生命を強烈に燃焼させうる場としての社会に参加していくこと」(同書：56)，「これまでの社会常識ではあてはめようのない存在として……社会に対し我々のありのままの存在——社会性のない，非能率的な存在——を堂々と主張すること」だと読める (横塚〔1975〕2007：91)．これらのような真理に到達するべく「われらは自らがCP者であることを自覚」し，「本来あってはならない存在」ではない「脳性マヒ者」に自己を変えていくことが，彼らにとっての「自己への配慮」である．先のくり返しだが，一方的に「本来あってはならない存在」と規定したのは健常者であり，「青い芝の会」のメンバーが自分たちのことをそう決めたのではない．加えて，彼らは「脳性マヒ者」を「本来あってはならない存在」だとは思っていない．むしろ，積極的に「脳性マヒ者」であることを選択する．したがって「脳性マヒ者」になることは，新たな自己の主体化なのである．さらに言えば，横塚は「脳性マヒ者」が「一般世間というもの」を解体する可能性を持つと考えているようである．それは，たとえば次のような記述に表れている．

　　一体一般世間などというものが実体として，固定した存在としてあるだろうか．私に言わせればそんなものはありはしないのだ．……千差万別の混沌としたものが社会なのである．……実体のないまぼろしの世間というものを至上に置き，それを追いかけるということは一生追いかけても追いつける道理はない．脳性マヒ者が世間一般なみにといって世間にあこがれることは，……自己の存在そのものを否定する結果になるのではあるまいか．……脳性マヒは増えているのである．社会性もなく何をやらせても採算ベースにのらず，これまでの社会常識ではあてはめようのない存在として増えているのである (同書：90-91)[11]．

社会性を有し，採算ベースにのるのが健常者であり，一般世間における常識

である．しかし，横塚によるならば「一般世間」とは実体のないものであり，そのような幻を追いかけたところで無意味である．何をしても採算ベースにはのらない「脳性マヒ者」の現れは，これまでの社会常識を覆し，健常者の「正しさ」を揺るがすものであると言うことができる．それゆえに，横田や横塚をはじめとする「青い芝の会」にとって「主体を真理に結びつけるひとつの方法」である「自己の自己に対する修練」（アスケーシス）は，「自らがCP者であることを自覚する」という点から始まると言えるだろう．また，アスケーシスは主体を掟に従属させる手段ではないことに加え（Foucault 2001＝2004：362），「脳性マヒ者」は世間の常識の外にいる存在である．したがって，脳性麻痺がある者としての「自己への配慮」は，健常者の規範には従属しない主体になるということである．さらには，アスケーシスは「真実を知ること」を可能にする．自らは脳性麻痺がある者だと自覚することで知る真実とは，たとえば「『健全者』の世界に同化することを夢みたり，『健全者』に理解を求めるとかを考えることは自ら疎外，抑圧の道を歩むもの」であることや（横田［1979］2015：116），自己の内にある「健全者幻想」に気がつくことが挙げられるだろう．横塚は「健全者幻想」を，以下のように説明する．

> 私達障害者の意識構造は，障害者以外は全て苦しみも悩みもない完全な人間のように錯覚し，健全者を至上目標にするようにできあがっています．つまり健全者は正しくよいものであり，障害者の存在は間違いなのだからたとえ一歩でも健全者に近づきたいというものであります．……自分の障害者としての立場はどこかへおき忘れ，健全者になったつもりの言葉が口からとびだす……これでは全く自分の首をくくるようなものではありませんか．……このような健全者幻想を振り払わない限り本当の自己主張はできないと思います（横塚［1975］2007：64-65）．

健常者に疎外され，抑圧される道を自ら歩まないよう，また本当の自己主張ができるようになるためには「真実を知る」必要がある．健常者への憧れを捨て，健常者が正しいという錯覚を手放すことが「脳性マヒ者」にとっての真実の言説である．そして「自らがCP者であることを自覚する」というアスケーシスによって，横田らは真実を知っている存在になるのである．それだけでな

く，アスケーシスは，真実の言説を自分のものにする．つまり，健常者に理解を求めることを放棄し，健常者至上主義を捨て去ることによって「脳性マヒ者」の言説は，己のものになるのである．そうして「脳性麻痺がある障害者」は，自己を変容させ「脳性マヒ者」という新たな自己へと変化する．その自己は，真実の言説を自分のものにしているがゆえに「正しい行動の主体」なのである．「青い芝の会」のメンバーは，己が「脳性マヒ者」であるという事実から目を逸らさず，そう自覚したからこそ，減刑嘆願反対運動やバス闘争などの「正しい行動」をとったのだと言えるだろう．

　また「われらは自らが CP 者であることを自覚する」は，「青い芝の会」にとっての「パレーシア」だと筆者は主張する．パレーシアはそれを聞いた者が，自分の生きる根拠＝真理にたどり着ける言説でなければならないが，宣言の第一テーゼである「われらは自らが CP 者であることを自覚する」は，「自己の生命を強烈に燃焼させ」るために，絶対的に不可欠なものである．加えて，己は「脳性マヒ者」であり健常者とは根本的に異なる存在だと同定するならば，そこでは他者＝健常者の言説は不必要となる．これは，まさにパレーシアが目標とすることである．しかし同時に，パレーシアの真の言説は「語り手が生存を賭けて発するような真の言説」でもある．第一項に限らず，宣言全般が殺される側から殺す側へ向けた真実の言説なのだから，パレーシア以外の何物でもない．よって，健常者の言説は不要だが，聞き手としての健常者の存在は必要なのである．この点は「青い芝の会」が「健全者」との「対話」の一切を拒んだわけではないと解釈する杉野 (2018) の指摘に，沿っているであろう．「脳性マヒ者」という新たな自己を確立することで，すなわち自己への配慮を行うことで，健常者への服従を拒否し「必要な警戒状態を構成」しながらも，健常者との「社会関係を強化する」意志が「青い芝の会」にはあったと受け取ってよいだろう．

　「強烈な自己主張を行う」の第二テーゼへ移る．「差別，抑圧，抹殺される現状に対して，私たちは毅然とした態度で闘いを進めていかなければならない」と横田は主張するが (横田 [1979] 2015：117)，これはもちろん「脳性マヒ者」としてである．重い脳性麻痺がある横田らには，食事から生活のすべてに至るまで健常者の手を煩わせなければならないという現実がある．その現実ゆえに「行

き着く先は自己存在の否定」であるが (同書：118)，これはフーコーが言う「真実を知ること」ではないはずである．捉えた現実を「高らかに詩いあげ」る，「哀しみの涙であるかもし」れず，はたまた「絶望の叫びであるかもしれない」ものこそが「真実」なのである (同書：118)．そして「この叫びこそ，この自己主張こそ，私たち『障害者』が生きる為に欠くことのできないものなのではあるまいか」と横田は続ける (同書：118)．さらに言えば，健常者に差別され抑圧されるだけでなく，自分自身の内にも見出される「健全者幻想」に対する「絶望の叫び」は「率直な語り (franc-parler)」，すなわちパレーシアである．「哀しみの涙」や「絶望の叫び」が「私達を殺すな」(横田 [1979] 2015：21) という自己主張につながり，「自己の生命を強烈に燃焼させ」て障害者が生きる意味になるのである．

　第三のテーゼ「愛と正義を否定する」は，最も強烈かもしれないが「脳性マヒ者」としての主体化や，障害者のパレーシアに最も直接的かつ明確に結びついているだろう．親の「愛」と健常者の「正義」によって障害児（者）は，一方的に命を奪われてきたのだから，これらの否定は至極当然である．横田は「愛」が「自己執着」であって「自己本位な思い込み」だと言う．横田が言う，見据えなければならない『『愛』の本質に潜むエゴ」とは (同書：119)，こと親の場合のそれとは，自分と同じような幸せ，すなわち健常者が享受する幸せが正しいものであり，それを子に経験させることが親としての責任だというものではないだろうか．子に障害がある時点で，自分と同じような幸せは子の手には入らないと思い込む．その「自己本位な思い込み」や「エゴ」が障害児を殺してきたのである．また，絶対多数者の思想と論理に対し，そう名づけられる「正義」については，もう説明するまでもないと横田は言う (同書)．絶対多数者である健常者が振りかざす「正しさ」によって，障害者は疎外・抑圧されてきた．そうである以上「健常者の愛と正義の否定」こそが「脳性マヒ者」としての「自己への配慮」には，絶対的に欠くことができないものである．さらに言えば，それがまさに「脳性マヒ者」の真実であり，パレーシアなのである．健常者の愛と正義を否定して初めて，「自己の生命を強烈に燃焼させ」ることができる「正しい行動の主体」になるのである．

　第四のテーゼ「問題解決の道を選ばない」について，「脳性マヒ者」にでき

るのは「次から次へと問題提起を起こすこと以外にない」と横田は主張した（同書：120）．問題の解決は「こうすれば障害者（児）は幸せになるのだ」といった一方的な健常者の発想によるものであって，「常に妥協への出発点」に過ぎないとされる．「妥協」して健常者の土俵に入ったならば，おそらく再度「健常者の愛と正義」が降りかかってくるだろう．したがって，それを拒むためにも，闘いは「自らがCP者であることを自覚」し「愛と正義を否定」しながら「強烈な自己主張を行う」ものでなければならないと，横田は言うだろう．そして，自らの「生存を賭けて発するような真の言説」を以て「次から次へと問題提起を起こ」していくことで，横田らは「パレーシアステース」になるのである．さらに言うならば，己の生存を賭けて主張していた横田らは，真の主体である．横田らは「自らがCP者であることを自覚」し，「強烈な自己主張を行」い，「愛と正義を否定」して「問題解決の道を選ばない」ような自己へと変化することで，換言すれば自己への配慮を行うことによって「世界の中に自分を正しく位置づけ」たのである．

4．「行動綱領」と「青い芝の会」流の「別の生」

横田らは，四つの宣言を「自らの名において，できる限り明瞭に……『真なることを語る』」ために発表した．それによって健常者（ほかの障害者）からの反感や憎しみ，闘争を生む可能性を厭わなかった点において，横田らはパレーシアステースだと言える．また，フーコーを踏まえると，どのように生きるかということは「真なることを語ること」の一つの方法である．さらには「真なることを語る」生＝「真の生」だと解釈するならば，横田らは「脳性マヒ者」として「真なることを語る」という「真の生」を選択したのである．「脳性マヒ者」として生きることが，健常者とは異なる生き方であると同時に，横田らにとってはおそらく間違いなく美しい生存だったのである．そして「真なることを語る」生，すなわち真の生の実践における美しい生存を検討するにあたり，フーコーが参照したのがキュニコス主義（キュニコス派）である．したがって，ここからはキュニコス派の「真の生」を「青い芝の会」に援用しながら，横田らのそれを読み解いていこう．

キュニコス派の人々は「真の生」の四つの側面にそれぞれスキャンダルを引き起こし，その意味を転覆させ「別の生」を出現させる．より正確に言うならば，キュニコス派流のスキャンダルによって意味や価値が変化した「真の生」は「別の生」としか表明されえないのである (Gros 2009＝2012：443)．このキュニコス派流のスキャンダルは，「青い芝の会」で言うところの四つの宣言，もしくは宣言を起草した横田の行動そのものが該当するだろう．それまでの，健常者が抱く障害者の「常識」を覆したのが横田の行動であり宣言なのだから，それだけでもスキャンダラスである．だが，さらに宣言が障害者（「脳性マヒ者」）であることを突き詰めたものであると考えると，よりキュニコス派的なそれと言えるだろう．

　そして，キュニコス派が主張する第一の反転「慎みを欠いた，恥知らずの生」であるが，宣言においては第三の「愛と正義の否定」，特に愛の否定がこれに当たるだろう．横田自身が述べているように「生きとし生ける者は，親の『愛』によって成長してきた」し，「『愛』なくして生き物の存在はあり得ない」のである (横田［1979］2015：118)．その「愛」を真っ向から否定し，「愛」には「エゴ」が潜んでいると断じる．愛がなければ生き物は存在しないと言いながら，それを強く否定する．障害者（「脳性マヒ者」）からすれば「当り前のことを当り前に言ったまでなの」だが (同書：112)，一般的に親の立場から見れば，十分にその子どもは「慎みを欠いた，恥知らずの生」を生きているということになろう．

　キュニコス派における第二の反転は「悪評に立ち向かう」だが，これには第二の「強烈な自己主張を行う」が該当すると考える．横田は，1973年の優生保護法改定案反対運動[14]において「大多数の『障害者』は基本的にこの改定案に賛成だった」ことに驚いたと言う (同書：117)．障害者自身が「自分の子どもが『異常』であれば中絶する」という発想だったからだ．その悪評に立ち向かい「人間としての存在」を自他ともに認めるために，たとえ「絶望の叫び」であったとしても「強烈な自己主張を行う」のが，横田らの「青い芝の会」であったと言えるはずである．

　キュニコス派第三の動物性の引き受けの義務だが，これを直接的に「青い芝の会」の宣言に結びつけることは無理があるだろう．しかし，キュニコス派が

あらゆるタブーやしきたりを拒絶した点を考慮すると，宣言においては「愛と正義の否定」のうち，殊に正義の否定がこれに当たると考えることができる．横田が主張するように「『正義』とは絶対多数者の論理であり」，絶対多数者である「健全者」のそれなのである（同書：119）．障害児（者）が殺められるということが決して稀ではなかった1970年代に，少数者である障害者が絶対多数者の「正義」に向かって「われわれを殺すな」と異を唱えるのである．ある意味では，これほど，タブーを犯す行為は他に類を見ないかもしれない．だが，その「正義」を正面から拒絶し，タブーを犯して「別の生」を生きなければ，健常者の価値観が浸透した世界では，障害者は生きられないのである．

　最後に，キュニコス派の第四の反転，すなわち闘いの生「戦闘的な生」であるが，これに対しては「問題解決の道を選ばない」という宣言の四つ目が即しているだろう．健常者に対する「安易な妥協を行ってはならない」と主張する以上（同書：120），横田らには社会や健常者と闘い続ける意志があった．「青い芝の会」が目指した障害者の「解放」が何であったのか，それを論じることは本章の目的ではないため措いておく．しかしながら，横田らが目指した闘い，あるいは各々の戦闘性というものは，「ただ単にしかじかの個人が持ちうるしかじかの悪徳や欠点や臆見と闘うだけでなく，しきたりや法や制度といった，人類一般に共有されている悪徳や欠点や弱さや臆見に依拠するものにも立ち向か」い，「世界を変えようとする」ものであっただろう（Foucault 2009＝2012：359）．障害児（者）が「親の愛」や健常者の「正義」によって殺められる，もしくは優生保護法によって合法的に抹殺される．そのような世界を変えようとしたのが，横田らの闘いである．障害者の生が当たり前に保障される世界に，すなわち現状とは異なる世界にするための闘いは，キュニコス派のそれと共通すると言ってよいだろう．障害者が殺されることのない「別の世界」を目指すために，横田らは「別の生」を生きたのである．すなわち「青い芝の会」は，1970年代の比較的短い期間において，障害者が服従するだけでなく自律的な主体であることを提示していたと言える．

　しかしながら，倉本は「脳性マヒ者の思考」を基にした新たな世界の創造を目指した「青い芝の会」の試みは成功しなかったと述べる．「新たに構築されるべき文化の拠りどころをどこにおくか，具体的な根拠を欠くままにすすめら

れたその運動は，……本来の目的である創造よりも対抗それ自体を優先させて
しまうという陥穽におちいってしまったのである」(倉本 1999：228)．言わば閉塞
状態となった「青い芝の会」に代わり「プロレスという『不適切』な文脈に障
害者をあえておくことで，異化効果をひき出し，隠蔽され，不可視化されたそ
の現実を白日のもとにさらそうとした」のが「ドッグレッグス」だと倉本は主
張する(同書：245)．言い換えれば「青い芝の会」とは異なる仕方で「別の生」
を生きようとしたのが「ドッグレッグス」であると，筆者は考える．したがっ
て，次章では障害者プロレス団体「ドッグレッグス」における自己への配慮と，
健常者とは異なる「別の生」がどのようなものなのか，探究していく．

注
1　「そんな愛ならいらない」『ニッポン人脈記　ありのまま生きて⑥』2007年4月23日
　　朝日新聞夕刊．
2　「青い芝の会」の初代会長を務めた山北は当時大学生だったが，脳性麻痺がある者が
　　大学へ進学するということが，稀な時代であった．荒井によるならば「山北は，障害者
　　運動史の研究ではあまり掘り下げられていない」が，実際はとても重要な人物であり，
　　横田弘も山北に手紙を出して，障害者運動の世界に入ったとされる（荒井 2017：76-
　　77）．
3　本章執筆時点（2023年7月末）で確認したところ，Amazon にて DVD の購入が可能
　　であり，また有料であれば YouTube でも視聴可能なようである．
4　「二枚看板」のもう一人は，横塚晃一である．荒井によるならば，横塚の方が障害者
　　運動の全国組織化への尽力や著作における理念の明確さという点で，より注目されてい
　　る．しかし，荒井は「横田の思想があったからこそ『青い芝の会』は『青い芝の会』で
　　あり得た」と主張する（荒井 2017：17）．
5　本文では傍点強調になっているものを，筆者が下線に変更した．
6　意見書とは別に，横田個人が書いたアジテーション用のビラ（「私達が生きる自由
　　を」）があり，その一部が荒井によって引用されている（荒井 2017：103-104）．荒井は，
　　ビラの内容を要約し「障害者も生きたい．ただ，それだけのこと．それをあなたはどう
　　思いますか？」という主張・問いが，「横田の思想の神髄」であったと述べる（荒井
　　2017：104）．すなわち「障害者も生きたい．ただ，それだけのこと．それをあなたはど
　　う思いますか？」という主張・問いが「青い芝の会」の核であったということだろう．
7　1978年に起こった同様の事件に際して，横田は「障害児は生きていては」ならず「障
　　害児は殺されなければならないのである」と言った上で「そして，その加害者は自殺し
　　なければならないのである」と加えている．その背景には「青い芝の会」を筆頭とした
　　闘いにより，子を殺めた親を無罪とはしなくなった社会が「今度は加害者もろとも死に

追い込もうとする方向に向いはじめてきた」ことがあると主張する（横田［1979］2015：16）．いずれにしても「悲劇」に見舞われたのは，子に手をかけ自死を選んだ親であり，報道機関を含め「障害児（者）の死を当然」とする風潮は，少なくとも1970年代後半には依然として現前していたということになる．

8 「青い芝の会」で見られる用い方だが，Cerebral Palsy の頭文字を採り，脳性麻痺がある者（「青い芝の会」の言葉では「脳性マヒ者」）を指す．

9 荒井は横田から直接聞いた話として，この時に真っ先に怒鳴り込んできたのが横塚だったと書いている．横田は，横塚が「『行動綱領』の意味をすぐに理解した」と，感心していたようである（荒井 2017：110）．

10 筆者とは異なる立場であるが，杉野はこの宣言全般が健常者との「対話」に開かれたものであると主張する．「問題解決の路を選ばない」というテーゼも健常者との「『対話』を拒否しているように見えて，実は『永続対話宣言』と解釈することも可能である．この主張は，健全者に対する最後通告のようにも受け取れるが，同時に，脳性マヒ者に対して『健全者』との対話方法を教えるメッセージとしても受け取れる．つまり，健全者と対話する時は，安易に解決策に乗らずに，『次々と問題提起を行なう』べきだという指示である」と論じる（杉野 2018：18）．

11 横塚は言明していないが，この記述は労働などに関する健常者規範への批判とも読める．したがって，ここには経済的自立や，そのような主体に対する批判が含まれていると言えよう．

12 グロによれば，フーコーは『自己の統治と他者たちの統治』（公開を前提としない書類の一つ）において，自己への配慮は「孤独を要求するものではなく，真の社会的実践」であり，「社会関係を強化するもの」であると記している（Gros 2001＝2004：599）．

13 横田の言葉では，闘争と書いて「ふれあい」と読んでいる（横田［1979］2015：118）．

14 二階堂祐子によるならば，1973年3月に優生保護法改定案が国会で再浮上した折，リブの女性らが優生保護法改悪阻止実行委員会を結成する．同年3月末に開かれた「優生保護改悪阻止第1回東京集会」には「青い芝の会」も参加した．だが「青い芝の会」の「健全者とは安易に連帯しない」という主張により折り合いがつかず，同年4月に今度は「青い芝の会」（神奈川県連合会）主催の「優生保護法改悪反対集会」が開かれた．そこでは，リブ側の改悪反対署名運動協力団体の一つである川崎婦人会と「青い芝の会『婦人部』との意見交換」が行われたことが示唆されている（二階堂 2011：92-93）．

第5章
差異の可視化——障害者レスラーの生

　前章の最後に触れたように，倉本の言葉で言えば「青い芝の会」では「積み残された課題」すなわち，自らの身体に割り当てられた差異の否定的な意味の転換——それは，必ずしも肯定的な意味へ変えることではない——に挑んだのが障害者プロレス団体「ドッグレッグス」である．「ドッグレッグス」のメンバーは，あえて自己自身（の身体）を「見世物」にし，その差異を健常者の眼前にさらすことで，健常者が抱いている障害者に対する嫌悪や差別意識を彼ら自身に自覚させた．それだけでなく，「ドッグレッグス」に所属する障害者自身にも健常者に対する羨望，別の言い方をするならば「内なる健全者幻想」が存在することを認めたのである．その上で，「ドッグレッグス」のメンバーは健常者との差異をより先鋭化し，可視化して障害者としての「別の生」を生きていると筆者は主張する．なお「ドッグレッグス」に関する先行研究としては，篠原加奈 (2002) や，嶋守さやか (2008, 2016) が挙げられる．だが，篠原のそれは「社会的弱さ」と「ドッグレッグス」の関係に注目したものである．また嶋守は「ドッグレッグス」そのものを一つのコミュニケーションとして捉えて論じたり，障害者レスラーのオーラル・ヒストリーの分析を行ったりしている．よって，管見の限りではあるが「ドッグレッグス」を「別の生」という観点から考察したものは見当たらないと言えるだろう．

1．障害（者）と見世物

　岡哲郎 (2012) は，虚構とプロレスファンの振る舞いについて論じるなかで「プロレスはスポーツではなく見世物」だと述べている（岡 2012：270）．この岡の主張を踏襲すれば，障害者プロレスも立派な見世物の一つである．詳述はのち

に譲るが「ドッグレッグス」を旗揚げした北島行徳は，当初，障害者に対する健常者の無関心を解消する手段として「障害者たちが人前で自己表現する発表活動が有効だと」考えたようである (北島行徳 [1997] 2018：23)．しかし，演劇や歌唱といったこの種の発表活動に対する「期待はあっさりと裏切られてしま」ったために (同書)，他の形態としての障害者プロレス[2]に行き着く．すなわち，能動的に障害者を「見世物」にする選択をしたのである．したがって，北島を含めた「ドッグレッグス」の面々は見られるだけでなく，自発的に障害者（の身体）を観衆に見せたわけである．だが，国の内外を問わず障害者は一方的に「見られる」ものとして扱われてきた時間が長いことも事実だろう．そこで「ドッグレッグス」における「自発的な見世物」やそこから生まれる「別の生」を検討する前に，「見られる」ものとして扱われてきた障害者の様相を振り返っておく．

　生瀬克己 (1999) は「見世物芸と障害者」の冒頭で，以下のように書いている．

　　何が「ふつう」であるのかを正確に定義することは，きわめてむずかしい．だが，この「ふつう」という概念を「人間の身体」にあてはめてみると，きわめて，興味ある現実がうかびあがってくる．「ふつう」とくらべて「ふとりすぎている身体」「小さすぎる身体」「のっぽの身体」，あるいは，「ふつうの身体」からかけはなれていると考えられた身体は，人びとの前にさらされ，「みせもの」とされてきた．そして，いわゆる，障害者の少なくない部分が，こうした「みせもの」にされてきた．それは，たぶん，障害者が世間からは「FREAK（フリーク[3]）」と呼ばれるような存在と同類と見なされてきたからだろう．……何はともあれ，「障害」の多くが「奇形」とされ，それは「生物の『ふつう』と違う存在」とされてきたことは，まぎれもない事実である．そして，この「奇形」は，英語では，「Monstrosity」「Deformation」「Teratism[4]」と呼ばれてきた事実も忘れるわけにはいかない (同書：62-63)．

　つまり，障害者（の身体）は「ふつう」ではなく，むしろ「怪物」であり「奇形」で「醜い」ものと見なされていたということだ．また，生瀬にしたがい，障害者（の身体）がフリークと同類であると見なされてきたとすれば，そ

れはどのような存在なのだろうか．生瀬は，レスリー・フィードラーの以下の
言葉を引いて，フリークを説明している．

> 真のフリークは超自然的な恐怖と自然な同情の両方を惹起する．なぜなら，
> 空想的なモンスターと違って彼はわれわれのうちのひとり，人間の親から
> 生まれた人間の子だからであり，それでいて，はっきりとは理解できない
> 力によって，単なる不具とは全く異なった神話的・神秘的な存在に変えら
> れてしまっているからである．街ですれ違った時，フリーク，不具者，ど
> ちらの場合でもわたしたちは目をそらしたい，よく見てみたいというふた
> つの欲求を同時に感じるだろう．しかし，不具者の場合には，健常性の定
> 義が究極的に依存している境界線，必死になって維持されている種々の境
> 界線が危機にさらされているとわれわれは感じない．唯一，真のフリーク
> のみが，男と女，性のある・なし，動物と人間，大と小，自己と他者，そ
> してそれにつれて，現実と幻想，経験と空想，事実と神話の間にある因襲
> 的な境界線に挑戦をかけてくるのである（Fiedler 1978＝1990：21-22）．

　フィードラーは「真の」フリークについて説明していることから，これがそ
のまま障害者に当てはまるわけではない．また，不具と奇形の違いも明確にさ
れていない．しかし，上記の言葉を用いるならば，障害者はフリークと不具者，
両方の要素を持つ者と言える．たとえばフリークと同様，障害者は「人間の親
から生まれた人間の子」であるが，時には神話にも登場する存在である[5]．加え
て，フリークと不具者の両方と同じく，街中で健常者とすれ違った際は目をそ
むけられると同時に，凝視されることが多いのが障害者である．ここから分か
るのは，少々，乱暴な言い方になるが，障害者はフリークであり不具者だとい
うことである．
　本章は障害者の文化的表象の分析を目的とするものではないが，障害者がフ
リークとして見世物になるという点は，第3章で言及した「感動ポルノ」とも
決して無関係ではない．さらに，フリークであるがゆえに，障害者はなおのこ
と「見られる」存在になるとも言える．したがって回り道かもしれないが，フ
リークとしての障害者の表象について，もう少しここで掘り下げてみたい．
キャースティ・リディアード（2014）は，ソーシャルメディアの一つであるフェ

イスブックにおける主要な障害者の表象を，批判的に考察している[6]．先に結論
めいたことを言うならば，リディアードの議論は「感動ポルノ」（批判）とフ
リーク論をつなぐものであると筆者は考えているのである．

　リディアードが取り上げるのは，イラク従軍中の爆発事故によるやけどで傷
跡と外見（顔）の変化を負った，マーリン・ジャーマン (1985-2008) の画像であ
る．リディアードによるならば，フェイスブック上には外見の変化を負う前後
の，すなわち二枚のジャーマンの画像が表示されている．リディアードは，ど
ちらのジャーマンも軍服を着用していることで「覇権主義的な男らしさ，勇敢
さ，愛国心が強調されている」一方で，ジャーマンのインペアメント（傷跡と
外見の変化）は「好ましくない存在」(Shildrick 2009 : 32) として位置づけられてい
ると言う (Liddiard 2014 : 98)．また，ジャーマンの「ビフォー・アフター」の画像
の提示は「西洋の新自由主義文化では，身体が常に進歩途上である，あるいは
常に変容していることを保証するような，身体の個別化と規律化が行われてい
る」ことの象徴であるとも述べる (Liddiard 2014 : 98)．少なくとも西洋の新自由主
義文化においては，「身体は十分に強く健康で美しくあるために，常に個々人
が変容させるべきプロジェクト」なのである (ibid. : 98)．しかし，健常至上主義
(ableism)[7] 的な規範の文脈のなかで「正常」から「異常」へ（あるいは「正常」
から「フリーク」へ）の移行と見なされたジャーマンの顔の変化は，これに逆
行する．ゆえに，ジャーマンの顔は「グロテスクの形象となり，日常的な魅惑
と視線の源となる」のである (ibid. : 98-99)．第 3 章で論じたように，グルーに倣
えば「感動ポルノ」は「インペアメントを，ある人物の生物物理学的な欠損と
して視覚的または象徴的に明確に示」し，「その欠損は身体的な卓越性を示す
ことによって……克服しなければならない」ものである．ジャーマンの例で言
うならば，傷跡と外見の変化は視覚的に明確なインペアメントである．それを，
ジャーマンは軍人であるという「たくましく，マッチョで，タフな肉体」に
よって (ibid. : 98)，あるいは爆発事故に遭いながらも生還したという事実によっ
て克服している．このような解釈が成立するであろう．したがって，ここに
「感動ポルノ」が生まれているのである．だが，同時にジャーマンが負った傷
と外見の変化は，ジャーマンを「異常な者」（「フリーク」）にした．そして，
後述のようにフリークであるがゆえに，人々の視線を集める「見世物」になる

のである.

　生瀬に戻ろう.　生瀬は,　日本における障害の価値観というものは「仏教の業
罰思想と因果応報思想にとりこまれていた結果と見るべき」だとして（生瀬
1999：67）,　その理由を江戸川乱歩とそれを論じた寺山修司を挙げて述べる.　生
瀬によるならば,　作中に登場する「一寸法師」とされる人物について,　江戸川
乱歩は明智小五郎の口を借り「あいつはただのかたわ者じゃない.　奇形児なん
てものは,　多くは白痴か低能児だが,　あいつにかぎって,　低能児どころか,　実
に恐ろしい知恵者なんだ」と表現しているようである.[8]　この作品が掲載された
時代を考慮し,　江戸川乱歩の言葉選びは措くとして,　生瀬がより問題視するの
は寺山の方である.　生瀬は,　寺山が「『一寸法師から達磨男,　徳利男,　……と
いった畸形の大半は,　親の因果への応報として子に下された罰だというのが,
見世物の通念である』（寺山 1993：9）と論じていることに注目しておきたい」と
言う.　生瀬は,　障害者が理性の外側に置かれた存在であることも指摘している
（生瀬 1999：67）.　しかし,　生瀬が仏教の影響力を重視している点を考えると「庶
民の側に『仏罰』『業罰』の結果としての障害への『おそれ』『恐怖』,　つまり
は,　六根清浄の象徴としての五体満足を前提とする身体意識が形成されており,
障害者がそれらの対極に置かれたなかで,　障害者による見世物は行われた」と
いう,　こちらの指摘の方が重要だろう（同書：68）.　生瀬のこの主張を乱暴に単純
化すれば,　視覚や聴覚,　触覚などを用いる上で生じる欲望を浄化あるいは捨て
去ることで,　五体満足な身体が得られるという前提がある.　障害者がそれに対
置されるという意味は,　欲望を浄め捨て去らなかった罰として五体満足でない
身体になったということだと考えられる.　仏罰の結果としての,　障害者の不完
全な身体をさらすことで,　人々の恐怖と好奇心を増強する見世物が成立すると
いうことだろう.

　また,　生瀬は江戸川乱歩の『一寸法師』の掲載時期,　すなわち大正末期から
昭和初期の日本における障害者にしか言及していないが,　少なくとも江戸時代
の寛永期（1624-1643）には屏風に肢体不自由者が描かれ見世物になっていたと,
永島利明は述べる（永島 1972：31）.　その後の一時期,　障害者を見世物にすること
が禁じられたようだが,　文政期（1804-1829）にかけて復活したとされる.　さらに
時代が下り,　明治時代に入ると「見世物は『鳥獣や諸芸』を見せるのが,　本筋

なので，人間の身体的不具を見世物にするのは許すことができない」という趣旨の布令が出された（同書：33）．しかし永島によるならば，大正時代から太平洋戦争中にかけ，見世物を生計の一つとしていた中村久子がいた．中村は，1916年から1942年まで興業していたとされる（同書）．このことから永島は，障害者は何度禁じられても，生きるために見世物を続けざるを得なかったと主張するのである（同書）．仏罰だと捉えるにしても，生活のためと捉えるにしても，いずれにせよ日本の障害者は，少なくとも江戸から昭和にかけての長きにわたり「見られる」存在であったと言えるだろう．

　加えて，国外におけるフリークの扱いについても少しだけ言及しておく．フリークの例は数多くあるだろうが，デヴィット・リンチ監督の映画『エレファント・マン』(1980) で知られるジョゼフ・ケアリー・メリック (1862-1890) は，有名な奇形（者）あるいはフリークの一人と言ってよいだろう．伊藤俊治は，メリックについて「怪物として数々のショウに出演」させられていたと述べるが（伊藤 1993：14），山田雄三の「エレファントマンと呼ばれた青年がフリークショーに出始めたのは，レスターのショー興行師サム・トーに宛てた職探しの手紙がきっかけであった」という論述からは，メリックがフリークショーへの出演を強制されたとは限らないと推測できる（山田 2001：35）実際，山田は「忘れてはいけないことは，その青年がショーの出し物になるまでに，彼の意志もはたらいていたという事実である」と述べている（同書）．英国各地でフリークショーに出演したメリックは，1884年11月にロンドンへ赴き，エレファント・マンとしてパフォーマンスを行っている．メリックには身体の部分的な巨大化と顔面の奇形があったとされており，「ヴィクトリア時代の監視システムの中で，彼のように身体が変形した人間は人の目にふれることさえ制限された」ため「メリックが……何者なのか……分からない」と山田は言う（同書：36）．加えて，メリックの口唇の変形が招いた発話の聞き取り困難は「主治医に通訳者＝代弁者の資格を与えることになった」（同書：36-37）．主治医とはフレデリック・トリーヴィスのことであり，時としてメリックの言葉を通訳する役割をも担ったとされる人物である．しかしながら，トリーヴィスは代弁者の資格を与えられただけではない．本書との直接的な関連で言うならば，これは，トリーヴィスの存在が口唇の変形，すなわち顔の奇形（フリーク）に医学の介入を生じさ

せる一つの出来事なのである.

　山田は, ヴィクトリア時代は奇形が人々の目にふれることは限られていたと言う. だが, 一方で「『エレファント・マン』で描かれるヴィクトリア朝は, 科学的なものと演劇的なものが頻繁に重なり合った時代である」とも言われる (Bugaj 2019：82). さらに, マウゴジャータ・ボガイは「フリークショーには, 娯楽を求める見物客と, 学問的知識を深めようとする科学者の両方が訪れ, 演劇と医学講義の慣例が展示された肉体の周囲で組み合わされた」と続ける (ibid.). 娯楽としてフリークショーを見物する客にとっては, それが身体の違いを見世物にするという「一般的な言説では非合法とされるものへの好奇心を満たす」. その好奇心の一つは「身体を見ることにまつわる文化的タブーを打ち破る興奮であ」ろう (ibid.：83). さらに, フリークショーあるいは「カーニバルの怪物たちは, 身体に関する道徳的・美的基準を問うことで, 人間と非人間という（一見）確立されたカテゴリーに対する不安をもたらす」(ibid.：84). この点について, エリザベス・グロスは次のように指摘する.

> フリークは, 主体を人間以外のあらゆる曖昧さ, 相互関係, 相互的な分類から分断する境界を越える. 彼らは, われわれが人間, 実体, 性を分類するために頼りにしている定義そのもの, つまり自己定義や自己と他者を隔てる境界の最も基本的なカテゴリーを危うくするのだ (Grosz 1996：57).

　観客は, フリークショーによって自分とは異なる不自然な身体を凝視することが許されるという好奇心を満たすだけではない. フリークの存在が人間やセックスの一定の「正しさ」, 観客らが信じる正常（性）を揺るがす. そこに観客は, フリークたちの外見だけではないものに対する不安や気味悪さを感じると同時に, それらによって, 日常では問うことさえなかった「当然」が危うくなるという恐ろしさに直面するのである.

　ところで, フリークショーの台頭は19世紀だが (Bugaj 2019：85), 「20世紀になって初めて, 身体的な差異を持つ人々が科学の範疇に入り『病院, 医師のテキスト, 標本棚に紛れ込む医学的症例』となったのである」と, ローズマリー・ガーランド＝トムソンは論ずる (Garland-Thomson [1997] 2017：79). すなわちガーランド＝トムソンにしたがうならば, フリークショーは娯楽と医学の両側

面を有するが，少なくとも初期のそれに医学的な意義を見出すことは多くなかったと推測できる．しかし20世紀以降，フリークの身体は「科学的な冷静さをもって描写され，人体に関する知識を深めるために検査される生物学的標本と化す」(Bugaj 2019：92-93)．そして「フリークショーの文脈では覗き趣味的で猥褻に傾きがちな視線が，医学研究の領域では正当化される」のである (ibid.：93)．

　先に述べたように，障害者は不具者とフリークを兼ねた存在である．ガーランド＝トムソンを踏襲し，フリークの身体が医学の領域に入ったのは20世紀になってからであるとしても，身体そのものが医学の対象とされたのはフリークのそれより早い，18世紀である (Tremain 2001)．18世紀後半，医学的な言説がその探求の産物として，現代の身体なるものを作り出した (Tremain 2010, 2015)．また，同じ医学的言説を参照して生み出されたのが，身体についての規範となった「鑑別診断的な推論スタイル」(diagnostic style of reasoning) であるとされる (ibid.：601, ibid.：40)．これは「身体の健康を維持し，寿命を延ばして生産性を高めるため，正常／異常，病気／健康，正気／狂気の境界を定める新たな法に身体を従属させ」るものである (Tremain 2015：40-41)．この推論スタイルによって正常な身体とされるものが定められ，そこから外れる障害者のそれは異常な身体と診断される．こうして，障害者の身体はますます医学の対象として，医師らに「見られる」ようになるのである．つまり，障害者（の身体）は，ショーにおけるフリークとして一般の人々の見世物になる以前から，限られた人々の前ではすでに見世物だったと言える．総じて，国の内外を問わず，障害者は「見られる」存在であったと言うことができるだろう．

2．「見られる」と「見せる」の両立への転換——「ドッグレッグス」

　今から約25年前の新聞紙面で「『見られる』だけの障害者から（積極的にプロレスを）『見せる』障害者への質的転換」と評された障害者プロレス団体「ドッグレッグス」の旗揚げは，1991年である．代表を務めた北島によれば「ドッグレッグス」は，最初から障害者プロレスを目的としていたわけではなく，既存のものとは異なる「新しいボランティアグループ」であろうとした (北島行徳［1997］2018：27)．10代後半からボランティア活動を始めた北島は，障害者

の出演する演劇などの公演の観客が彼らの親や「養護学校の先生とか，施設の職員とか身内ばっかり」であることに不満を抱いていた (同書：18). 北島は，その不満を話していた相手の矢野慎太郎（脳性麻痺ゆえに言語障害を有するようである）が，自分自身の歌や芝居は下手だと分かっているにもかかわらず観客は拍手をする，それが「なにか，どうじょうの，はくしゅみたいで，いやなのですね」と返したことが印象に残ったと言う (同書：19). 矢野の「どうじょうの，はくしゅは，いらないのですね」(同書：24) という言葉が忘れられない北島は，どうすれば障害者が同情ではない正当な評価を得られるかと考えた. その結果，たどり着いた答えの一つが「健常者並みに歌や演技に磨きをかけ」，「健常者に近づくのではなく，逆に障害者であることを強調する」というものだった (同書：24). 健常者に同化しようとすることを拒み，障害者である点を前面化する手法は「青い芝の会」と共通である.「障害者であることを強調する」という肝心の内容は定まらないままではあるが，ひとまずボランティアグループとしての「ドッグレッグス」は，プロレス団体へと変わる前年の1990年に発足した.「ドッグレッグス」の意味は当初「犬の前足が健常者で後ろ足が障害者. それで，一緒に走る」のだと説明されたが，のちに北島は，その本当の意味が米語の「スラングで障害者……であることを知った」と述べている (同書：28)[12].

　北島の批判する既存のボランティアグループとの明確な違いを見出せなかった「ドッグレッグス」が，障害者プロレス団体としてのそれに変化したきっかけは，メンバーの矢野と浪貝朋幸による喧嘩だった. 二人の喧嘩の殴り合いがプロレスの技を入れたものへとエスカレートとし，ついにはそのルールを適用した本格的なものとなる. 最後は，矢野が浪貝に DDT という技をかけ，障害者同士の暫定的な初のプロレスは矢野の勝利で幕を閉じた (同書：45-48). その一部始終を見ていた北島は「障害者が体を人前にさらし，命懸けで闘う」，「このプロレスを人に見せ」れば「障害者について思考停止になっている健常者たちにとって，理解し難い衝撃を与えるはずだ」と考えた (同書：48)[13]. 同時に，これによって「ドッグレッグス」は，既存のボランティアグループとは一線を画すこととなる. また「ドッグレッグス」の公式リングドクターを務めた香山リカは「観客を興奮させつつ，技術的な高みを目ざし，しかも『勝ちたい』という純粋な欲望がレスラー間にあるという意味で，彼らは障害者の団体というより

は，既成のプロレス団体に限りなく近いと思」うと述べている[14]．さらに香山は，「健常者にショックを与えるための『ショー』なら，レスラーがさまざまな肉体を披露すればそれで目的を達成できるだろうけれど，彼らは真剣に技を磨きたい，勝ちたい，とも思っていて，そこが観客を混乱に陥れる」とも言う[15]．香山が指摘するように，健常者に自らの身体を見せることのみであっても，その一部に奇形を含むことがあるため，フリークショーとしてでも十分に見世物が成り立つ[16]．障害者が「身体に関する道徳的・美的基準を問うこと」など，健常者の想定外であろう．だが，それにとどまらず，障害者が障害者あるいは健常者に肉体的な勝負を挑み，勝利を目指す世界を想像している健常者は極めて少ないはずである．それゆえに観客は混乱するのだが，それが北島の狙いなのである．さらに言うならば，同じ「見世物」であり見た者を混乱させるが，相手と競うことを主目的とするという点において「ドッグレッグス」とフリークショーは異なるものである．もちろん，フリーク同士が相手より身体的に美しくあろうと競うことは考えられるが，それは第一目的ではないだろう．

　ところで，岡によるならば「プロレスファンはプロレスをあらかじめ"八百長"だと知っている，にもかかわらず，プロレスファンはそこ（リング上）に意味や物語を見い出している」(岡 2012：263)．そして「プロレスファンは虚構を虚構として消費しているのであり，決して虚構に埋没することなく，メタレヴェルな視点から意味や物語を見い出しているのだ」と続ける(同書)．岡はプロレスが「八百長」や「フェイク」であると主張し，全てがそうではないと断りを入れながらも「はじめから勝敗が決まっている」のがプロレスだと，元レスラーの告白を引いて述べる[17](同書：272)．その虚構のプロレスの世界においても「八百長」なしの真剣勝負が繰り広げられることがある．それゆえに，プロレスは「ショーと真剣勝負の境界線を行ったり来たりしている」と，岡は言う(同書：272)．しかし，プロレスは虚構だと知ってもなお，ファンがどのような意味や物語をリング上に見出すのかという点についての岡の記述は見当たらない．そのため消化不良な点が残るが，本筋の障害者プロレスにこれらの議論を援用して，同異点を考えてみよう．

　まず，くり返しになるが，障害者プロレスも，プロレスもショーであるということは共通している．また，一定のルールが存在するプロレスという世界の

内側においてのみ，時に流血や失神を伴うような技の掛け合いが許されている
点も共通である．その意味で，障害者プロレスも，プロレスも，岡の言葉を借
りるならば虚構以外の何物でもないと言える．だが，障害者プロレスが「八百
長」であるかどうかという点については，プロレスほど明確ではないと筆者は
考えている．障害者レスラー同士の勝負であっても，障害の程度が重い方が不
利とは限らないからだ．たとえば1991年9月末に開催された「ドッグレッグ
ス」の第三回興行（『超障害者宣言』）は，先の浪貝と「ドッグレッグス」に挑んで
きた藤原真一との闘いであった．同じ脳性麻痺であっても，藤原の方が浪貝よ
り障害の程度は重い．足が自らの意思通りに動かないことは，二人の共通点で
ある（北島行徳 ［1997］2018：54）．日常生活全般に介助が必要な藤原だが，自分で可
能なことは一人でこなしていた．そのため，藤原の両腕と背中の筋肉はレス
ラーのようなそれである（同書：52-53）．つまり障害の程度を見れば浪貝が，身体
の肉づき方を見れば藤原が有利なのである．この二人を見て，プロレスのよう
に「はじめから勝敗が決まっている」と言えるだろうか．二人の闘いは序盤か
ら浪貝の有利に進み，藤原の上に馬乗りになった浪貝が頭突きを振り下ろした
ことで，浪貝は自らの勝利を確信したようである．しかし，そこで油断が生じ
た浪貝に，藤原の「毒蜘蛛締め」（下から相手の首に抱きつくようにしがみつ
き，そのまま首を締め上げる技）が襲う．結果的には，藤原の逆転勝ちで終了
したのである（同書：54-55）．プロレスはまったく門外漢であり，矢野の母と同じ
く「野蛮なもの」と思っている筆者であるし（同書：65），実際の闘いを目にして
もいない．だが，北島の記述に依拠する限り，浪貝と藤原のそれが「八百長」
だとは思えないのである．したがって「はじめから勝敗が決まっている」と言
えないことが，障害者プロレスとプロレスとの相違点であるだろう．

　プロレスのファンが見出す「メタレヴェルな視点から」の「意味や物語」は
よく分からないが，対して，障害者プロレスの観客はそこに何を見出すのか．
上述の第三回興行を見に来ていた観客の一人は，面白かったかという北島の問
いに次のように返答している．「見てはいけないものを見てしまったという感
じですね」（同書：56）．そして「生のむき出しの姿の障害者を見せつけられたみ
たいで……面白いか，面白くないかと言えば，……面白いんですけど」と続け
た．その様子を見た北島は「これはですね，後味の悪い面白さって言うんで

す」と返している（同書）．なぜ，観客は感想に言葉を見つけられないのか．な
ぜ彼らは困惑を覚えるのか．プロレスはショーでもあるのだから，面白いと割
り切って構わないはずである．しかし，浪貝と藤原の「意地と名誉を賭けた闘
いが生み出した異様な迫力」は，「障害者が一生懸命に頑張っている姿に感動
したと涙する」といった「単純な答え」を許すものではなかった（同書）．観客
が「後味の悪い面白さ」を感じる，あるいはそれしか感じられないのは，彼ら
が想像する障害者とはかけ離れた姿がそこにあるからであろう．もちろん，レ
スラーが障害者であるか否かにかかわらずプロレスそのものに拒絶反応を示す
者もいるだろうが，「『さぁ，これをどう見る？』と喉元にナイフを突きつけ」
られた者の方が多かったはずである（同書）．つまり（健常者の）観客が障害者
プロレスに見出すものの一つは「後味の悪さ」であり，換言するならば「見て
はいけないものを見てしまったという」後ろめたさである．この後ろめたさの
一因は，観客が障害者を安易に感動の対象にしていることにあるだろう．闘う
障害者の姿に感動ではなく，戸惑いを覚えたからこそ「見てはいけないものを
見てしまった」と感じるのである．

　興行の回数を重ねるほどに観客も増えた「ドッグレッグス」だが，終了後の
アンケートでは「障害者も，やればできるんだと思いました」あるいは「障害
者がとても輝いて見えました」などの言葉が多く，のちに「ドッグレッグス」
のドキュメンタリー映画の監督を務めた天願大介のように「嫌がらせだと」感
じた者は稀であった（同書：77-78）．このことに加え，障害者との付き合いが深ま
るほど，北島の苛立ちは募っていった．矢野との会話において「健常者に近づ
きたい」のかと問い，それを肯定した矢野に「バカか，お前は」と返したのが
北島である（同書：108）．「現実には障害者と健常者は分けられている」が，「ほ
とんどの人が見て見ぬふりをして表面的には同じということにしている」（同
書：109）．それが「一番の問題」なのだと話すが，矢野には伝わらない（同書）．
その苛立ちと憎しみにも似たもどかしさが，障害者対健常者の試合という「絶
対に観客に受け入れられないような」ものを，北島に思いつかせたのである
（同書：110）．この闘いの意図について，北島はこう言う．

　　健常者レスラーが障害者レスラーをいたぶるところを見せつけ，何でそん

なことをするのかと，観客を怒らせるのが目的だ．そして，その上で逆に問いかける．ならば，お前たちはどうなのだと．……ただの傍観者ではなかったのか．目の前で障害者が殴られているからと言って，傍観者にとやかく言う権利はないはずだ．日頃しているように，黙って障害者が苦しむのを見届けるのだ (同書).

　健常者の観客にとってみれば，これ以上に「見てはいけないものを見てしまったという」感覚を味わうものもないかもしれない．だが，その光景に健常者が怒るという「単純な答え」を手にすることを北島は許さない．障害者と健常者を隔てるものは，決して小さくはないのが現実である．まず健常者に，目を背けてきた現実を突きつける．そして，障害（者）に関する思考停止を許してきた「障害者も健常者も同じ人間」という健常者の「免罪符」を奪うことが，北島の目的である (同書：108).

　初の障害者対健常者の試合であり「ボランティア敗戦記念日」と名づけられた第六回興行は，1992年に開かれた．矢野と闘うのは「ドッグレッグス」のスタッフである健常者の前沢浩だ．北島が興行タイトルに込めた意味とは「健常者が障害者を打ちのめすというヘビーなテーマに，既成のボランティア観は敗北するであろう」である (同書：111). ここから分かるように，北島が思い描いていた展開は前沢の圧倒的な勝利であった．ほとんど完膚なきまでに健常者が障害者を打ちのめす姿を観客に見せ，観客に自問や自己反省を促すことが北島の目的なのだから，当然である．試合中盤までは北島の思い通りの展開だったようだ．だが，悪役レスラーに徹していた前沢に観客からのブーイングが飛ぶ．それに対して，前沢は「心の底から悪い人には見られたくない」と思った (同書：115). そう思った結果，前沢の技が中途半端になり，終盤までスタミナを温存していた矢野に逆転負けを喫した．換言すれば，障害者の勝利である．そう，北島の目論見通りにはいかなかったのである．観客のブーイングがどのような内容だったのかは分からない．また，前沢の敗因は複数あるだろう．しかし，その一つは「プロレスはショーである」と，前沢が割り切れなかったことにあるのではないだろうか．ショーなのだから，悪役レスラーが悪人だと考える観客は（少）ないはずである．最終ラウンドまで行かずとも，体力のあるうちに

前沢が矢野を打ちのめしていれば，勝利で終了したはずだ．実際，この興行の試合前の練習（スパーリング）[18]で，前沢は矢野を「どうみてもいじめ」というほどいたぶっていた（同書：110）．本戦でも同様にすることは可能だっただろう．前沢がそのようには見られたくないと感じた「心の底から悪い人」とは何を指すのか，明確にされていない．だが，それは「障害者を本気で痛めつけるような健常者には見られたくない」という思いだったのではないか．それが「プロレスはショーだ」と割り切れなかった理由だと，筆者は考える．それはすなわち，殴られている障害者を目の当たりにして，なぜそのようなことをするのだと怒る健常者と同じである．反対に，矢野の側からすれば「バタバタした足どり」で歩く己と（同書：11），「リングに上がろう」とした「その瞬間……襲いかかって」くる健常者（前沢）との差異を目の当たりにしながらも（同書：114），別の健常者（北島）に押しつけられた「圧倒的な不利な闘いを制したの」である（同書：116）．それでもまだ「健常者に近づきたい」と感じただろうか．その後，今度は矢野と北島との闘いが行われ，北島の勝利で幕を閉じている．そして「しあいに，まけたけど，なんか，いいかんじが，したのですね」，「たて，たて，といわれて，なんかはげまされたような，そんなきが，するのですね」と矢野は述べる（同書：134）．北島は「障害者と健常者は違う」，……「簡単に同じなんて言うことはできないが，違うと割り切ることもできない」と言う（同書：135）．おそらく，北島の言っていることは正しいだろう．しかし，闘いに敗れても「なんか，いいかんじが，した」と言う矢野は，その時に己が健常者とは異なるということを受け入れたのではないだろうか．

３．ヒーローへの自己変容における自己への配慮と北島のパレーシア

くり返しになるが，倉本にしたがうならば「ドッグレッグス」も「差異派」の一つである．ただし，その先駆けとなった「青い芝の会」と大きく異なる点は，少なくとも障害者レスラーの数名（たとえば矢野慎太郎，浪貝朋幸，ブルース高橋）は，己が障害者であると全面的には主張していないことだ．むしろ，矢野らが己は障害者であると表明し，健常者との差異を明確にすることを望んでいたのは健常者の北島である．加えて，レスラーたちは各々職に就いて

おり，プロレスを本業にしようと考える者は少なかったようだ．北島の記述から一定のファンがついていたと読めるブルース高橋は，ある興行後に突然引退宣言をして北島を驚かせた．「き，き，き，嫌いでやめるわけでは，な，な，ないんです」と言った後に「も，も，もし，怪我でもして，し，仕事を休んだりしたら…しょ，しょ，職場には迷惑をかけられないので……」と高橋は続ける (同書：159)．また，矢野も次のように言う．「あくまでも，ぷろれすは，ぷろれす……ぼくの，もくひょうは，まず，しごとで，みとめられること……そして，けっこんして，かていを，もつこと」(同書：162)．それに対し，北島は，気持ちは分からないでもないとした上で，一般的な幸せのイメージに縛られ過ぎているのではないかと返答する．レスラーらは「青い芝の会」のメンバー以上に「内なる健全者幻想」を内面化し健常者に憧れを抱くが，決してリングの外では健常者と同等の評価を得られないことに苦悩している．

　しかし逆説的だが，それゆえに，矢野らは障害者プロレスにおいてヒーローになろうとする．そのために，矢野慎太郎はサンボ慎太郎（矢野のリングネーム）になるのである．汗にまみれ同僚の嘲笑を浴びる「なにをやっても，だめなおとこ」は，「どんなぴんちでも，あきらめないで，たちあがる，つよいおとこ……みんなに，みとめられ，あいされている，にんきものでもある」サンボ慎太郎になる (同書：167)．それは，矢野にとっての自己への配慮であると，筆者は読む．北島に依拠する限り，矢野が到達すべき／到達したいと望む真理とは「周囲に認められる強い男」であることだ．すなわち，「どのような状況であっても立ち向かうような強い人間」になることが矢野の生きる理由であり，自己への配慮なのである．自らの生の理由にたどり着くための修練，すなわち，アスケーシスとは，この場合サンボ慎太郎として強くなるための心身のトレーニングを含む，レスラーとしての準備を指すだろう．たとえば，矢野は北島と何度も闘っているが，矢野自身の引退を賭けた最後のそれを含め，一度も北島に勝つことはなかった[19]．しかし，杉本穂高 (2016) によるならば「サンボ慎太郎も毎度簡単にはギブアップせず限界ギリギリまで戦い続けてきた」．矢野が引退後に夢見た「普通の幸せ」[20]が何を示すのか分からないが，少なくともプロレスから身を引いて「なにをやっても，だめなおとこ」に戻ることではないだろう．また「周囲に認められる強い男」になるための備えの一つが，矢野にとっ

てのプロレスであると言えるであろう．さらに言うならば，アスケーシスは
「真実を知ること」を可能にするものである．「周囲に認められる強い男」にな
るために，矢野が知る真実は，障害者と健常者は違うということだ．どれほど
憧れようとも，障害者は健常者にはなれないという現実である．その真実を知
ることによって，矢野は障害者レスラーになれるのである．健常者であること
は「どんなピンチでも，諦めないで立ち上がる強い男……皆に認められ，愛さ
れている人気者でもある」ことを請け負うわけではない．健常者がヒーローで
あるわけでもない．しかし，障害者レスラー・サンボ慎太郎であれば観客の声
援を得るだけでなく，健常者レスラーに勝つこともできるのである．個人戦で
は北島に勝てなかった矢野も，障害者レスラーと健常者レスラーの三対三の
タッグマッチでは北島に勝利している（北島 [1997] 2018：194-200）．つまり，矢野は
プロレスを通して自らを修正し，自らに変形を加え，「なにをやっても，だめ
なおとこ」から「周囲に認められる強い男」という新たな自己へと変容するの
である．

　フーコーにしたがうならば，アスケーシスとは，主体が自ら真実の言説とな
るようにしてくれるものであるから，自己を変容することでそれを自分のもの
にしなければならない．矢野が，障害者と健常者は違うという真実の言説を，
自分のものにしたかどうかは定かではない．だが，それを認めない限り「なに
をやっても，だめなおとこ」から脱却することはできない．矢野がサンボ慎太
郎として強い男になったのであれば，全面的にとはならずとも，障害者と健常
者は違うという真実の言説を受け入れたと筆者は考える．また，それを己のも
のにするためには，自己への配慮だけでなくパレーシアも重要である．弟子の
沈黙の義務に対する師の応答がパレーシアであることから，これについては北
島の言葉から考えていく．北島と矢野は「ドッグレッグス」の仲間であると同
時に，障害者と健常者は違うということを教えた点で，北島は矢野の師と言え
るだろう．

　北島が矢野に障害者と健常者は違うと話したのが一度ではないことは，北島
の記述から推測できる[21]．少し本筋から逸れるが，北島がそう話した相手は矢野
だけではない．健常者，具体的には矢野の母親にも似たような話をしている．
「障害者プロレス」という名前にひっかかると言う母親は「何でわざわざ障害

者とつける必要があるのですか？……なぜ，ただのプロレスではいけないのでしょうか？……私は，慎太郎には，自分から障害者というふうに位置づけてほしくないと思っているので……」と北島に聞く (同書：65). それに対し「障害者と健常者を区別しないで考えるべき」だという意味は分かるが，名前は変えないと答えたのが北島である．その理由を，北島は次のように説明する．

> 私たちが対象としている観客は，障害者を障害者と呼ぶ健常者なんです．……養護学校の教師でもなければ，施設の職員でもなければ，……障害者の親でもないんです．……実際には障害者のことを何も知らない人たちを会場に呼びたいんです．そのためには障害者プロレスというストレートな名前が，絶対に必要なんです (同書：66).

「障害者を障害者と呼ぶ健常者」あるいは「障害者のことを何も知らない人たち」は，障害者と健常者は違うと考えているだけでなく，己は健常者だと自認している人々であろう．両者の差異を半ば強制的に可視化することで，自己の無意識な，ある種の傲慢さを健常者に自覚させることが北島の目的である．すなわち，倉本が言うように「障害者プロレスとは，障害者という存在について深く考えることなしでも充分に成り立ってしまう大多数の健常者の日常に楔を打ち込み，異化するための装置にほかならないのである」(倉本 1999：232).[22]

パレーシアの方へ戻ると，それは「真実を語ることを含意している」ものである．北島は矢野に「障害者と健常者は同じ人間」という言い方は「確かにすごく正しいことのように聞こえる」が，「障害者がそう発言することで，一番喜ぶのは健常者だ」と語る (北島 [1997] 2018：108). なぜならば，障害者にそう言われることが健常者にとっての免罪符であるからだ．それによって，障害者と健常者が「本当は同じではないという事実から，目を背け」ることができるのである (同書). また，北島も「私は障害者の立場に立てないとわかってい」たと言う (同書：109). これもまた，真実である．矢野は北島の言うことを理解できなかったようだが (同書), それでも気分の良い話ではなかったはずである．当然だが，北島は矢野を傷つけるために，このような話をしているわけではない．障害者と健常者は同じではない，異なる者として分けられているという真実を，矢野は「自らのものにすることによって，……自分自身に到達できなけ

ればならない」のである．その事実を自らのものにして初めて「どのような状況であっても立ち向かうような強い人間」という生きる根拠，新しい自分自身にたどり着くことが可能になる．さらに言えば，北島は己が障害者の立場に立てないと分かっていながら「必死になってその気持ちを理解しようと」し，矢野にも自分の考えていることを理解してもらいたかったのかもしれないと言う．時には電話で三時間以上話し，「なぜ，そこまでしなければならないのか，自分でもよくわからなかった」と述べていることから（同書），北島はある意味，自らの生存を賭けて必死に矢野と話していたと言えるだろう．そう考えるならば，北島の発言はまさしくパレーシアだと解釈できるのである．さらに，それに関連してつけ加えると，北島はさまざまな言葉に変えながら，あるいは明確に「お前にもハッキリと言うけど，オレは障害者と健常者は違うと思っている」と矢野に語っている（同書：108）．しかし，当の矢野は「ぼくは，しょうがいしゃも，けんじょうしゃも，ほんとうは，いないと，おもっている」と言う（同書：106）．二人の思考は相容れないものであるが，北島の言葉の方が真理であると筆者は捉える．互いの考え方が異なるがゆえに，それは矢野を不愉快にさせ，怒らせる可能性を有している．それゆえ，北島の言葉はやはりパレーシアなのである．

　フーコーの言葉のくり返しになるが，パレーシアは，真理の語り手にも「ある種の形態の勇気」を要求する．この勇気とは，真理を語った相手（他者）との関係を崩壊させる可能性に踏み込むことだ．つまり，北島の言葉は真理であるがゆえに，それによって矢野との人間関係が崩壊する可能性を否定できないものなのである．だが，北島は話すことを止めなかった．それどころか，矢野に「会うたびに何度も何度も同じことを話した」（同書：109）．よって，北島にはパレーシアを特徴づける勇気があったことから，パレーシアステースであると解釈して良いだろう．そして「自分が耳にする不愉快な真理を真として受け取る対話者の勇気」を持っていれば，矢野もパレーシアステースであると言えたのだが，少なくとも北島との闘いに最初に敗れるまでは，その勇気がなかったのであろう．

4．障害者レスラーの「真なることを語る」生

　フーコーにしたがえば，パレーシアとは「真なることを語ること」であり，特にソクラテス的パレーシアは「人々の生の様式を問い直す」ものであるとされる．よって，くり返すが「どのように生きるか」という生の形（式）は「真なることを語る」一つの方法である．これを本章に関連づけて言うならば，障害者レスラーとして生きることは「真なることを語る」のである．障害者レスラーの真なることを語る生＝真の生を検討するにあたり，再びキュニコス派を参照しよう．詳細は重複するため割愛するが，ここで言うキュニコス派の真の生とは，スキャンダルを引き起こした後の別の生であることを強調しておく．つまり，検討の対象は障害者レスラーとしての別の生だということである．

　キュニコス派第一の別の生は「慎みを欠いた，恥知らずの生」であるが，これは障害者プロレス，あるいは「ドッグレッグス」そのものを指すかもしれない．先の倉本は，四肢や体幹の障害ゆえに「どう考えても格闘技に適しているとは言いがたい身体のもち主である障害者らがリング上で繰り広げる闘いは，これまでの『常識』からすればグロテスクかつ滑稽である」と述べる（倉本1999：230）．だからこそ，天願も「あれは嫌がらせだと思」ったと言ったのである．その「嫌がらせ」を集団で見せる障害者プロレスは，目にするのが憚られるものを人々に見せつける点で，「慎みを欠」くだろう．さらに言えば，そもそも，プロレス団体としての「ドッグレッグス」が生まれるきっかけとなった矢野と浪貝の殴り合いの喧嘩の発端は，二人で一人の女性を奪い合ったことである（北島［1997］2018：41-47）．二十歳を過ぎた大人の喧嘩としては，多分に「慎みを欠い」ていたと言えるのではないだろうか．そうでなくとも（主に）身体に障害がある者にとって「格闘技はまったく縁のないものであるかのように思われ」ていたのだから（倉本1999：229），それを覆し「グロテスク」な闘いを見せる障害者レスラーは「恥知らずの生」を生きているということになるだろう．

　第二の悪評に立ち向かうだが，これは障害者レスラー当人らではなく，北島の方がより該当するだろう．「ドッグレッグス」の立ち上げ前に実感していた「メディアが作り上げた障害者像……『体が不自由でも心は綺麗で一生懸命生きている人たち』」というイメージ（北島［1997］2018：22）や，「舞台の上で何が行

われていようと拍手をするべく待ち構えている」ボランティア業界の人々の「優しさと善意だけ」の評価は，北島の目には悪評としか映らなかっただろう（同書：23）．加えて「優しさと善意だけ」の評価に対しては，矢野も「どうじょうの，はくしゅは，いらないのですね」と述べている（同書：24）．健常者に認められたいと思う気持ちが強い矢野さえ拒む，相手が障害者だという理由のみで贈られる温かさや優しさは，悪評以外の何物でもない．そこに異を唱えるための障害者プロレスなのである．しかし，プロレス観戦後の観客のアンケート用紙には「見てはいけないものを見てしまったという感じ」があるだろうにもかかわらず「障害者の闘う姿に感動しました」といった言葉が並ぶ（同書：77）．これぞ，まさに「感動ポルノ」である．また，北島の出身畑であるボランティア業界の人々も真っ向から北島を批判せず，「『プロレスみたいな活動もあって，いいんじゃない』という物わかりの良いスタンスをとってごまかそうとしている」（同書：79）．劇作品やミュージカルのように，簡単に受け入れられるものとは相反するところのものとして位置づけようという試みが，障害者プロレスである．北島が批判してきたボランティア業界の人々ならば，到底良しとしないはずのものだ．障害者プロレスは「グロテスクかつ滑稽」なのだから「清く，正しく，美しく生きてい」る障害者の姿は，どこにもない（同書：23）．そうと知りながら「物わかりの良いスタンス」でごまかし，批判しない姿勢もまた悪評である．このような数々の悪評に立ち向かう最終的な形態が，障害者対健常者の闘いであったと解釈できるだろう．先にも述べたが，北島の思惑と合致するように，常に健常者が障害者を打ち負かしたわけではない．だが，時に流血し，健常者に後頭部を何度も踏みつけられる障害者の姿は聖人君子でもなければ，ましてや「清く，正しく，美し」い生き方とは究極的に対極である．このような姿を主たる観客である健常者の眼前にさらすことで，耳に心地よい悪評に立ち向かった北島と障害者レスラーらは，別の生を生きたと言って良いだろう．

　第三の動物性の引き受け，換言すればあらゆるしきたりやタブーの拒絶を指すが，これはどのように援用可能だろうか．江戸時代の一時期，人間の身体的不具の見世物化が禁じられたように，正常でない障害者の身体を人々の眼前にさらすことは，暗黙の裡にタブーとなっている．しかし「ドッグレッグス」の矢野や浪貝の場合，脳性麻痺ゆえに歩行や立ち姿が健常者のそれとは異なる．

プロレスは小人症や巨人症を始め「規格外」として社会から排除された者を受け入れてきたという主張もあるが（岡 2012：271），そもそも「規格外」や異常とされる身体の可視化そのものが禁忌を犯しているのである．したがって，障害者プロレスは二つのタブーを拒絶することで成立していると言える．一つは正常の外にある障害者の身体を人々の目に触れさせること，もう一つは障害者がプロレスを行うことそれ自体である．日本におけるプロレスの幕開けが1953年であるとされていることを考えても（同書：268），「ドッグレッグス」の立ち上げとは約40年の開きがある．倉本が「一〇年ばかり前なら（筆者補足：1990年代初頭），格闘技の世界に踏み込んでいく肢体障害者がいるなど，いったい誰が想像しえただろう」（倉本 1999：229）と言うように，障害者とプロレスはそれほど結びつかない，あり得ないものと考えられていたのである．加えて「ドッグレッグス」は，さらに一つ別のタブーを犯している．再三述べてきたが，障害者対健常者の闘いである．北島が言うように，障害者レスラーにとっては「明らかに不利な闘い」であり（北島［1997］2018：205），肉体的な面だけを見ても平等とは言い難い．この闘いの目的は「障害者が効率優先の健常者社会で生きる」という不利な「社会の現状を表現」することであるが（同書），「どうみてもいじめ」のような展開を，観客は容認し難い．それが北島の根本的な狙いであるから，やはり障害者対健常者の闘いは，暗黙の了解を無視していることになる．キュニコス派は，人間が理性的な存在であるために禁じた近親相姦を犯し，「道徳的モデルでもある動物性」によって「一種の絶え間ない挑戦を構成」した（Foucault 2009＝2012：335）．動物のあいだで生じている「自分の母親と結婚したり，……自分の兄弟姉妹の父親であると同時に兄であったりする」ことを人間のあいだにおいても行うのが，キュニコス派だ（ibid.：334）．キュニコス派はそれによって，人間のタブーに挑んだのである．同様に「ドッグレッグス」は，障害者対健常者の闘いによって，障害者を傷つけているという健常者のタブーに挑んだと言えるだろう．それは，健常者にとってのスキャンダルであるからこそ，障害者としての「別の生」なのである．

　第四の主権的な生の反転によって，キュニコス派は闘う生となるが「ドッグレッグス」もまた，闘いの生である．プロレスにおいて相手に勝つという意味の闘いが，もちろんそこにはある．だが「ドッグレッグス」の闘いは，それ以

上に「慣習，しきたり……人間が置かれているある種の状態に対する闘い」であるのかもしれない (ibid.：353)．興行後の観客の多くが「複雑そうな顔をし」，「後味の悪い面白さ」を覚えるのは，日常的に「生でむき出しの姿の障害者」に接することが圧倒的に少ないという，健常者の慣習があるからだ (北島 [1997] 2018：55-56)．もっとも根本的に，障害者が格闘技の世界に足を踏み入れることはないと思い込んでいる人々が多いというのは，倉本の指摘通りである．また，キュニコス派の闘いは「自己の自己に対する絶え間のない試練」であると同時に「人間に対する，人間全体のための闘い」である (Foucault 2009＝2012：354)．同様に，障害者レスラーのそれも，たとえば「周囲に認められる強い男」になるための「自己に対する絶え間のない試練」であり，なおかつ人間の「その習慣，そのしきたり，その生き方」を変えるための闘いと言って構わないだろう (ibid.)．障害者プロレスは「会場を一歩出たら心に何も残らないような」ものではなく，「障害者にとって生きにくいこの社会を，少しでも変えてい」くという目的がある (北島 [1997] 2018：57)．それは「自分に対する自分のための，また他の人々に対する他の人々のための闘い」というキュニコス派と共通のものである (Foucault 2009＝2012：358)．加えて「ドッグレッグス」とキュニコス派には，もう一つの共通点がある．すなわち「開かれた場における戦闘性……つまり，完全に万人に差し向けられる戦闘性」である．第2章との重複になるため特に重要な部分のみくり返すが，この戦闘性は「人々に激しく動揺を与えて考えを一気に変えさせることを目指すもので」あり，「世界を変えようとする」ものなのである (ibid.：359)．あえてこう言うが，一般的な障害者（のイメージ）と格闘技が結びつかないのだから，障害者プロレスの出現は人々を驚かせただろう．それにもまして，障害者レスラー同士の「異様な迫力」や，頭突きが額，こめかみ等に当たる度に聞こえる「ごん」「がつっ」「ぐきっ」という音に (北島 [1997] 2018：54)，観客は激しく動揺したことであろう．おそらく，そこで繰り広げられた光景は，多くの観客の想像を上回っており，決して生ぬるいものではなかっただろう．また「世界を変え」るため，「ドッグレッグス」は第十五回興行から，障害者対健常者の闘いに禁じ手ルールを採用した．これは，闘いの前に障害者が健常者の技を三つまで禁じることを可能にするものだ (同書：205)．障害者と健常者が同じ条件で闘うことも重要だが「多数者である健常者が変わ

らない限り，障害者が抱える問題は解決しない」．したがって，禁じ手ルールには「障害者が健常者の」それに合わせるだけでなく，「健常者が障害者のルールに合わせることも必要ではないかという問題提起」の意図があった（同書）．すなわち，これには健常者優先の世界を変えようとする意味が込められていたのである．そのように考えると「ドッグレッグス」は極めてキュニコス派的であり，レスラーや北島の生き方も，キュニコス派の別の生に合致すると言える．

　「ドッグレッグス」が世に登場した1990年代初頭は「障害者と健常者の関係の非対称性を，『自立』『平等』『権利』……といった，近代社会が自明視する範疇のうちに切り縮め，そこからこぼれ落ちる部分の存在を不可視化してしまうイデオロギーが支配的となりつつある時代」であった（倉本 1999：246）．そのような時代であったからこそ「自立」「平等」「権利」といったものの「虚偽性を告発し，差異の顕在化と加害性の自覚を人びとに迫るこうした戦略が求められ」たのだと，倉本は述べる（同書）．「ドッグレッグス」は，まさにそれを可視化するとともに，障害者の新たな形，別の生を体現したのだと筆者は主張する．

　しかし，そんな「ドッグレッグス」も1990年代半ばに入ると，集客と収益は増加する一方で「何をやっても声援が飛び交う」ようになった．北島は「このままでは障害者プロレスも，通常の障害者イベントと変わらなくなってしまう」という危機感を募らせた（北島［1997］2018：222-223）．すなわち，ここに差異派の一つの限界，差異の顕在化の斬新性の消失があると言える．また，自ら差異派と名乗ることはないが，それに数えられる「ドッグレッグス」も，差異派が抱えるもう一つの課題――オルタナティブな価値の創造（倉本 1999：246）――には手をつけられなかったのである．念のためにつけ加えておくが，このように述べているのは倉本であり，筆者ではない．だが，倉本もそれをもって「青い芝の会」や「ドッグレッグス」を否定的に評価したわけではないと推測できる．おそらく事実を述べたに過ぎないだろうし，少なくとも，筆者はそう解釈して倉本を引用したのである．[23]　倉本は「青い芝の会」や「ドッグレッグス」では達成されなかった課題に取り組んだのが劇団態変だと主張する（同書）．[24]　だが本書は，障害者における自律的な主体（化）というものが可能であると論ずることを目的としており，あくまでもその例として差異派を扱っている．したがって，

それそのものの分析や考察は，本書の範疇外なのである．

　よって次章では「ドッグレッグス」と同じく「感動ポルノ」の対象だが，差異派とは無関係とされるパラリンピックを取り上げ，その選手（障害者）の新たな主体化と別の生について論じていこう．

注

1　横塚は「内なる健全者幻想」について，次のように述べた．「人間の進歩が重度障害者や精神薄弱児を含めての平等の世界を目指すとすれば，我々脳性マヒ者は如何なる態度で社会に接すればよいのでしょうか．徒らに自分を卑下し，傷をいやして貰おうと寄り集り，その同じ態度から出てくるところの自分の存在を無意識のうちに否定し，自分の立場とは全く異なった空想の世界を作ろうとするような生活態度ではいけないと思います」（横塚［1975］2007：87）．

2　障害者プロレスの一つとして「小人プロレス」が挙げられることもある．日本では1960年代初頭から始まったが，もともとは米国で興行されたものであり，日本で最初のそれも米国から小人レスラーが招かれたと塙は言う（塙 2018：38-39）．さらに，塙によるならば『『小人プロレス』は，プロレスという形態をとりつつも，笑いをとることが主目的として意識されていた」（塙 2018：38）．それに対して「ドッグレッグス」は，観衆を笑わせることを主目的にはしていない．よってこの論述にしたがうならば，「小人プロレス」と「ドッグレッグス」には，その目的において決定的に違いがあると言える．

3　原文では英語表記の上にルビを振って，フリークと記されている．

4　生瀬は，次のようにも言う．「Monstrosity」が「Monster（怪物）」から発したことは明らかであろうし，「Deformation」が「Formation（形）のくずれ」を意味し，「terato-」は「妖怪」につく接頭語である（生瀬 1999：80）．

5　花田春兆は『古事記』によればとした上で「イザナミ，イザナギ二神の間に生まれた最初の子が，どうも未熟児の CP だったらしい」と記す．ヒルコと名づけられたその子は海に流され，一度は歴史上から姿を消す．だが，後世になり福の神として復活する．花田はこれを「新しい国造りに忙しい当局者から消されたものが，庶民の力によって復活させられた」神話であると解釈する．

6　リディアードは「感動ポルノ」を「たいていは……日常的な活動をしている障害者を『感動させる』者として描いたり，観客や視聴者……を励ましたりするために障害に依存する，典型的かつ健常至上主義（ableism）的な障害のイメージを指す」と説明する（Liddiard 2014：94）．

7　ableism の邦訳はいくつか考えられるが，森壮也（2017）は「非障害者優先主義を意味する」と言う．この訳が常態的に適当だとは限らないが，本章においては，これが最も近い意味を持っている．それゆえ，文脈に合わせ「非障害者優先主義」を「健常至上主義」とした．

8 　江戸川乱歩の『一寸法師』の初出は『東京朝日新聞』ならびに『大阪朝日新聞』．掲載期間は，各々1926年12月 8 日〜1927年 2 月20日／1926年12月 8 日〜1927年 2 月21日である．現在は『江戸川乱歩全集』で読むことができるようである．

9 　「エレファント」と「マン」の間を中黒で区切る表記とそうでないものが存在するようであるが，参照した資料の多くは区切って記していた．そのため，直接引用以外では「エレファント・マン」と記す．

10 　Frederick Treves についてであるが「エレファント・マン」関連の文献を参照すると，ラストネームの Treves はいくつか異なる訳し方がされている（たとえば Bugaj 2019）．だが，本章では参照する山田の表記にしたがい「トリーヴィス」とする．

11 　1998年 2 月16日付『読売新聞』（東京版）朝刊．

12 　ただし Cambridge Dictionary には「特に道路やゴルフコースの急カーブ」を意味するとあり，現在も障害者を表す俗語として用いられているかどうかは不明である．

13 　「ドッグレッグス」に所属する障害者レスラーの鶴園誠も「障害者との接点がない人は本当に関心がないと感じてしま」うと言い，「そういう人が障害者について語っても『かわいそうだね』，『大変そうだね』だけで終わってしまう」と続ける（鶴園 2018：100）．

14 　1998年 2 月16日付『読売新聞』（東京版）朝刊．

15 　同上

16 　少なくとも「ドッグレッグス」立ち上げから25年目の2015年時点では，聴覚障害を持つレスラーも在籍している．そのため，必ずしもレスラーの身体が奇形と見なされるわけではないことは，河原夏季（2015）の記事から分かる．

17 　岡の記述によるならば，プロレスが「八百長」だということを白日の下にさらしたのは，初代タイガーマスクとして名をはせた，佐山聡（1990）の『ケーフェイ』である（岡 2012：272）．現在も中古品ならば入手できるようであるが，筆者は実際に手にはしていない．

18 　障害者プロレスに限らず「プロのスパーリングっていうのはね，練習とはいえ，先輩後輩関係なく，『極めてやる！』ときには『ぶっ殺してやる！』と思いながら，本気でやる」ものだと，新日本プロレスの藤原喜明は言う．

19 　杉本穂高，2016，「障害者プロレスのドキュメンタリー『DOGLEGS』はあなたの価値観を必ず揺さぶる」

20 　キネマ旬報 WEB『DOGLEGS』ストーリー

21 　たとえば，矢野が就職し結婚をして子どもを持つのが夢だと語るのを聞き，北島は「障害者が健常者に近づこうとする生き方に，疑問がないわけではない」と述べている（北島［1997］2018：97）．

22 　倉本は次のように述べる．「『異化としてのノーマライゼーション』といったように，最近，障害者関連の領域で『同化』の反対語として『異化』の語が用いられることがある（たとえば堀 1994）．しかし，ここで言う『異化』とは，それとはまったく別の概念である．ロシア・フォルマリズムに源を発し，ブレヒトの演劇において多用されたこの技法は，日常見慣れた事柄を日常の関連からずらすことで，日常感覚から疎遠なものに変えてしまう手法である（Bloch 1962＝1976）．ドッグレッグスの試合を観戦した人び

とは，その異化効果によって，これまで慣れ親しんできた障害者イメージそのままに彼／彼女と接することはできなくなるのである」（倉本 1999：251）.

23　さらに言えば「青い芝の会」，「ドッグレッグス」，パラリンピックの順に議論を進めたのは，時代を追ったからであり，それ以上の他意はない.

24　劇団立ち上げから40年の2023年4月1日を期に「態変」と名称が変更された．ただし，倉本からの引用部分については名称変更前であるため，劇団態変のまま記す.

第 6 章

パラリンピック選手の抵抗の可能性と「別の生」

パラリンピックが批判される文脈を考えてみると，その最たるものは第 3 章で論じた「感動ポルノ」であると言ってよいだろう．『福祉労働』161 (2018) の特集は「『感動ポルノ』——障害者は健常者に感動を与える存在か」であり，そのうちの複数の論考でパラリンピックが取り上げられている．たとえば，好井裕明はパラリンピックとメディアにおける障害者表象を論じ，北村小夜は，それが道徳（教育）にとって都合がよいことを批判的に論じている．本章では，パラリンピック選手におけるキュニコス派的な別の生のあり方を検討するために，主として元車椅子バスケットボール選手で研究者であるピアーズの論文を読み解いていくが，イーライ・クレアやピアーズは「パラ・スポーツでは……悲劇的な身体的障害を克服した，英雄的で超能力を持った障害者アスリートについての感動的な話」が語られると述べている (Clare [1999] 2009；Peers 2012：177)．また，ピアーズ自身が「われわれアスリートは，われわれが何をし，誰であるかを問われるたびに，こうしたストーリーをくり返すよう求められているのである」とも言う (Peers 2012：177)．つまり，読者やインタビュアーが「感動的な話」を求め，アスリートはその期待に沿うような内容を話さなければならないのである．それほど，パラリンピックと「感動ポルノ」は不可分の関係にあると言える．

ピアーズは，パラリンピック選手がクラス分けの専門家や医師あるいはパラリンピック関係者の言説によって，ある種の権力に服従する／させられる存在であることを明確に論じている．これは言い換えれば，パラリンピック選手は自律的・能動的な主体ではないと見なされているということだ．パラリンピック選手も障害者である以上，ある種の権力に服従させられることから免れ得ないのは確かだと言える．それに加えて，ピアーズはパラリンピック選手の主体

性の現れについて直接的に論じてはいないことも事実だ．だが論文を詳細に読み解いていくと，ピアーズは，自分自身や他のパラリンピック選手らが自律的な主体として，そうした権力に抵抗し得る存在であると考えていることが分かる．ピアーズの主張こそが，そのような抵抗を体現するものである．すなわち，ピアーズはパラリンピック選手が権力に取り込まれる事態に対する批判と，アスリートたちが自律的な主体になるという異なる論点をつなぐ存在であると言えるだろう．本章ではピアーズが権力に服従し／させられ，パラリンピック選手になっていく様と，ピアーズ自身や他のパラリンピック選手らが自律的な主体として，それに抵抗する様の両方を考察していこう．

1．パラリンピックの起源をめぐる言説——ルートヴィヒ・グットマンの功罪

先に触れたように，ピアーズはカナダの元車椅子バスケットボール選手である．2004年のアテネ・パラリンピックで銅メダルを獲得したほか，世界選手権等でも活躍した．引退後は研究者へと転身，障害とパラ・スポーツの両方の分野で一定の知名度があると言えるだろう．

ピアーズによるならば，パラリンピック・ムーブメントの目的は，スポーツの推進ではなく，むしろ「パラリンピック・ムーブメントの価値をグローバルに継続的に普及させる」ために，スポーツを活用することである (IPC 2003：4)．本章で取り上げる，ピアーズの2009年の論文は「あらゆる背景を持つアスリートが一つの舞台で団結し，そのパフォーマンスで世界に感動と興奮を与えることを可能にする」というパラリンピック・ムーブメントに注目し，それに関する現代の言説が過去をどのように叙述しているかという点を批判的に分析したものである．その言説分析の対象としてピアーズに選ばれたのが，パラリンピック・ムーブメントの歴史書として出版されたダニエル・ステッドワードとシンシア・ピーターソンの共著 *Paralympics : Where Heroes Come* (1997) と，スティーヴ・ベイリー著 *Athlete First : A History of the Paralympic Movement* (2008) の二冊である．ピアーズは，これらがパラリンピックの歴史をいかに描いてきたかという点から考察を始めている．後者は学術的な教科書のような雰囲気を持つのに対し，前者は卓上用大型本 (coffee-table book) であるという性格や対象読者の違い

はあるが，ピアーズによるならば，これら二冊に登場する言説は驚くほど類似している (Peers 2009：655)．両者の類似性はさまざまな部分で見られるが，最も象徴的なそれは表紙にあるとピアーズは言う．両書とも，表紙に競技中のパラリンピック選手の写真を使用しており，*Paralympics* では選手の英雄性，*Athlete First* では，写真の選手が中心的な存在であることを示すキャプションを付している．このような写真とキャプションは，パラリンピック選手らをアクティブでエンパワーされた存在として表象すると同時に，より黙示的に，彼らを障害のある受動的で周縁的な存在として描いている (ibid.)．また表紙を飾る 9 枚の写真のうち，実に 8 枚において，アスリートの障害を判別できるものが使用されている．ピアーズは「おそらく読者はサッカー選手を除き，すべてのアスリートの障害の違いを即座に識別できる」と言い (ibid.)，これが「障害の可視化」(DePauw 1997：424) だと主張する．カレン・デポーによれば，障害の可視性は一種の警告として作用する．それは選手の能力に対する期待を下げ，パラリンピック選手のアイデンティティがアスリートとしてではなく，障害に基づいて構築されることになるのである．「障害の超可視化 (hyper-visibility) によって，そのアスリートが，障害のある身体の無能さや受動性に関する一般的なステレオタイプの文脈から理解されるという点を容認することになる」というわけである (Peers 2009：655)．さらには，それらの写真の選手を匿名にすることで，これもまた無力化のステレオタイプ (disabling stereotypes) を助長している．このように両書の表紙（の写真）に限って検討するだけでも，パラリンピック選手が受動的な障害者として表象されてきたことや，パラリンピックの歴史のなかでその存在をないがしろにされていることが分かると，ピアーズは論ずる．

　ところで，そのパラリンピックの起源は，ルートヴィヒ・グットマンの行動にあるとするのが通説的である．グットマンは1944年，英国ストーク・マンデヴィル病院にて，戦争による脊髄損傷者を対象とした競技会を開催した．ジュニ・アンダーソンによるならば，グットマンは，患者が自分たちで車椅子スポーツを考案しようとする姿に触発され，若い男性患者の競争心に基づき，下半身麻痺患者の身体的，心理的，社会的リハビリテーションにスポーツを活用する先駆者となったのである (Anderson 2003)．グットマンは後に，スポーツが「障害者の体力を回復させる上で非常に貴重」であるだけでなく，「社会復帰や

統合を促進・加速させる」のに役立つと書いている (Guttmann 1976 : 112). だが，ニキ・ウェッジウッドは，アンダーソンらを引用し「すべてのスポーツは……通常，支配的な社会集団の利益にしたがって発展する」(Anderson 2003 ; Washington and Karen 2001) と述べた上で「パラリンピックの場合，それは障害者運動や障害者アスリート自身というよりも，主に医療関係者であった」と言う (Wedgwood 2014 : 131). 実際，1948年のストーク・マンデヴィル大会の主要目的は，年金大臣に病院の仕事を紹介することであったとされる (Anderson 2003 : 469). すなわち，ウェッジウッドにしたがうならば，パラリンピックは医師の利益を中心に発展したものと言うことができるのである. また，ステッドワードとピーターソンはグットマンを「パラリンピック・ムーブメントの父」と称えているが (Steadward and Peterson 1997 : 21)，実のところグットマンの評価は論者によって分かれる.[4] さらに，グットマンがその着想を得たとされる「脊髄を損傷した大きくて強い（匿名の）兵士が死ぬために病棟の端に追いやられた」という記述を通して (Steadward and Peterson 1997 : 21)，パラリンピックでは選手の集団が意味づけされているとピアーズは批判的に述べる (Peers 2009 : 656). 一方のベイリーは，グットマンが対麻痺を「人間の人生における最も悲惨な災難の一つ」(Bailey 2008 : 13) と表現していることを引いて，兵士らを紹介している. これに関してベイリーは「この説明は，社会における個人の移動や機能に根本的な影響を与える，他の多くの……原因にも同様に適用できる」(ibid.) として，グットマンの評価を肯定的に受け止めている. だが，このような主張は「おそらく，こうした悲劇的な起源を現在のパラリンピアン[5]たちに帰するため」だと，ピアーズは論ずる. そして，重ねて「ベイリーは，あらゆる形態の障害を，個人の身体に根ざした紛れもなく悲劇的な問題として作り上げている」と論じる (Peers 2009 : 656). ウェッジウッドの主張を参照するまでもなく (Wedgwood 2014 : 131)，パラリンピックはリハビリテーションを目的に兼ねているため，医学モデルがその根底にあることは確実である. 加えて，グットマンを肯定評価するベイリーが「障害を個人的な災難」と捉えるのは (Oliver and Sapey [1983] 1999 : xiii)，ある意味当然とも言えるだろう.

Paralympics (1997) と *Athlete First* (2008) に共通する更なる問題は，パラリンピズムの起源をグットマンが開催した1944年の競技会に求めることで，さらに障害

者を疎外する点にある (Peers 2009：656). このような動きは，デポーらをはじめと
する先行研究 (DePauw & Gavron 2005) で示されている. 1888年までにろう者コミュ
ニティのメンバーによって組織されていた競技スポーツ[6]や，1909年までに盲学
校でおこなわれていた競技スポーツ，そしてグットマンが競技会を開催する前
にストーク・マンデヴィルの収容者自身によって発明された競技スポーツの重
要性を軽視しているとピアーズは論じる (Peers 2009：656). つまり，換言すればそ
れは，障害者自身の自発的な実践ではなく，健常者の医師であるグットマンに
よる救済の物語に優位性を持たせているということだ. さらには，グットマン
はパラリンピックの起源を語る父祖的存在であるだけでなく，その主要な情報
源にもなっており，どちらの書も「グットマンの言葉……にほぼ全面的に依拠
して」書かれている (ibid.：657). この点について，ピアーズは以下のように批
判する.

> 悲劇的な起源を持つ言説に何が懸かっているかを認識し，あるいはそれに
> 関する代替資料を提供することによってのみ，グットマンによる障害者の
> 記述，すなわち，「役立たずで絶望的な廃人として人生を引きずり，雇用
> されず，望まれず……役に立つ人生に戻る動機も，励ましもない」(Bailey
> 2008：14からの引用) という記述に埋め込まれた悲劇を問題にできる. 残念な
> がら，両著者らは，このような情報源の優先順位づけと，その結果として
> の悲劇の構築が，どのようなエゴや制度，世界観に影響を与え，誰に対し
> て重大な不利益をもたらす可能性があるかを認識できていない. パラリン
> ピック以前の『不具者』[7]たちが，自らの人生をいかに積極的に解釈し，さ
> まざまに歩んできたかを考慮しないのだ. 彼らは皆，ベイリーが引用する
> ように，本当に希望がないまま生きていたのだろうか. 彼らは，自分のこ
> とを愛する人の役に立たない，不要な重荷のように感じていたのだろうか
> (Peers 2009：657).

　ピアーズが言うように，パラリンピック以前の（「不具者」を含む）障害者
が皆「絶望的」な人生を歩む「悲劇」を経験しているとは限らない. にもかか
わらず，両書の語りはグットマンの言葉に（のみ）依拠し，明らかに悲劇的な
元パラリンピック選手というものを（再）生産するために，より大きな社会的

文脈や障害を経験する人々を周縁化しているのである (ibid.). すなわち，グットマンをパラリンピックの起源とした場合，少なくとも次の二つのことが生じると言える．一つは，グットマンの父性を前面化し，いわゆるパターナリズムを強化するということだ．もう一つは，さまざまな（「不具者」を含めた）障害者を一括りに悲劇的な救済の対象と見なすことだ．その結果，それはどこかにいるはずである，決して絶望的でも悲劇的でもない障害者の存在を消してしまうのである．

　ステッドワードらはグットマンに傾倒しているが，英国におけるグットマンの取り組みと，それ以前の二つのスポーツ大会（1888年と1909年）の間の時期に当たる1936年から1939年にかけて，ナチス体制下のドイツでは，あることが行われていた．「ライヒ身体障害者同盟 (Reichsbund der Körperbehinderten)[8]」の活動の一つなのだが，「身体障害の克服」のために「体操やスポーツといった身体鍛錬が推奨され」ていたのである (中野 2020: 200)．中野智世の引用によれば，ライヒ身体障害者同盟の1937年の活動において最も多いのがスポーツ事業の3万8千件で，翌年に12万件を超えている．第二次世界大戦へと向かうこの時代のドイツでは「『あらゆる機会を通じて』，身体障害者は『有用かつ有能な民族同胞』であると証明する」ことが目指されていた (ibid.)．この「あらゆる機会」には当然，スポーツも含んでいると考えられる．したがって，スポーツは「障害を克服する」ためだけでなく，身体障害者が国家の役に立つ民族であることを明示する手段でもあったと言えるだろう．しかし，ここで言う身体障害者とは，「遺伝的に健全」で「教育可能」とされた者に限っていると読める．この頃には，ライヒ身体障害者同盟の会員から排除されていたユダヤ系の人々と同様に「教育不能」と見なされた，障害の程度の重い人々は「身体障害者」の枠組みから外され，排除の対象となったと推測できる．グットマンが行ったスポーツ事業も，その対象は社会復帰が見込まれる元軍人（脊髄損傷者）だったはずである．このことから，リハビリができないと目された，障害の程度の重い人々は，ライヒ身体障害者同盟と同様に，最初からスポーツの対象外だったと考えられるだろう．

　加えてグットマン自身がユダヤ系の出身であり，激化するユダヤ人迫害から逃れるため，1939年にドイツから英国へ移住したという経緯がある (小倉 2016：1

-2).ナチス体制に組み込まれるなかで始まった，身体障害者を対象とするスポーツ事業がパラリンピックの「起源」だと断定することはできない．だが，グットマンより早くライヒ身体障害者同盟がスポーツ事業を行っており，グットマンもこの事実を知っていたと考えられる．また障害の程度の重い人々を排除し，健常者に近い選手に注目する点は，現在のパラリンピックも同じである[9]．この点を考え併せると，現在のパラリンピックは，ナチス体制下のライヒ身体障害者同盟のスポーツ事業の系譜に連なっていると言えるのではないだろうか．だが先述のように，パラリンピックの起源はナチス体制下のそれではなく，グットマンに求めることが通説的である．グットマンでなければ「悲劇的で，絶望的で，受動的で，死んだも同然」で (Peers 2009：656)，「溝（どぶ）」の中であえぐ障害者の救済言説は成立しないからだ．そして，そこにこそピアーズが指摘するような「障害者の構築」という問題が横たわっているのである．ピアーズの次の指摘は，この「障害者の構築」問題と深く関わっている．

> この悲劇的な起源に関する言説は，グットマンのパラリンピックの夢が始まったところで終わりではないことに注意することが重要である．パラリンピック・ムーブメントは障害者の悲劇を救済したのではなく，むしろ自らを再生産するために，悲劇的な障害者の姿を再生産し続けているのである (ibid.)．

国際オリンピック委員会が障害者の国際大会を「オリンピック」と呼ぶことを禁じ，「パラリンピック」という別称を与えたからには (坂井 2020：162)，そこで「世界に感動と興奮を与える」のは，障害者アスリートである．つまり，ピアーズの言葉を換言するならば，パラリンピック・ムーブメントが自らの目的のために障害者（アスリート）を必要としたのである．さらに，本章の本筋からは少しずれるが，グットマンは「生涯，脊髄損傷者は健常な部分を鍛えて活用すること，すなわち……労働市場に復帰して社会の役に立つことがよいとする考えに拘泥していた」という指摘もある (同書：157)．次節で言及する，現在のパラリンピックのクラス分けに，グットマンが直接的に関与しているわけではない．だが，国際パラリンピック委員会は，公式的にグットマンをパラリンピックの始まりに据えている[10]．それを考慮すると，グットマンの能力主義の考

え方が，クラス分けに影響を与えた可能性を完全に否定することは，不可能である．したがって，グットマンはリハビリ・スポーツを導入することによって脊髄損傷者の死亡率を低下させたという功の面と，障害者を「悲劇的で，絶望的で，受動的で，死んだも同然」の存在としか見ないという，言うならば罪の面を併せ持っていたと言えるだろう．

2．「客観的な」クラス分けがはらむ恣意性と人間の分断

元パラリンピック選手であるピアーズは，クラス分けについて「パラリンピックを目指す選手にとっては最も古く，最も拘束力のある権威の一つ」だと言い，デポーら (DePauw & Gavron 2005) や，ハワード・ニクソン (Nixon 1984) を参照しつつ「専門家がアスリートの（障害）機能のレベルを判断し，適切なカテゴリーが存在すると仮定して，そのアスリートを適切な競技カテゴリーに恒久的に割り当てるプロセスである」と続ける (Peers 2009：660)．また別のところでは，クラス分けを「専門家がアスリートを，正常な機能能力に近いという専門家の評価に基づいて，階層的な数値（または英数字）のクラスに分類することである」とも表現している (Peers 2012：178)．さらに，クラス分けのためには，健常者のスポーツ (able-bodied sports) を普通[11]におこなうことができないような永久的な障害の，具体的で測定可能な証拠が必要であるとされる (ibid.：179)．なお，ここで言う「専門家」には，医師，理学療法士，作業療法士のほか「適切な経験を持つアスリート」(Tweedy et al. 2014：13) 等が含まれる．医師や理学療法士らは健常者だと推測できるが，「適切な経験を持つアスリート」に，パラアスリートが含まれるか否かは定かでない．言えるのは，障害者を分けるのは健常者（が中心）だということである．このクラス分けの審議によって，競技力が低いとされるカテゴリーに選手が振り分けられたり，反対に競技力が高すぎるという判断が下ったりするとピアーズは言う (Peers 2009：661)．具体的に見てみよう．車椅子バスケットボールでは，各々障害の程度が重い者の順から1.0-4.5の持ち点が0.5刻みで定められており，試合中のコート内5人の持ち点の合計が14.0を超えてはならないという規定がある[12]．つまり，障害の程度が最も重い選手の持ち点は1.0，反対に最もその程度が軽い選手には，4.5の持ち点があるという

ことになる．ある日，ピアーズが世界選手権に向けたチームで練習をしていた
際，審査員によるクラス分けの確認が行われた．審査員はピアーズのプレイを
観察したのち「君のクラス分けを4.5から3.5に下げた」とピアーズに告げた
ようである．換言すれば，ピアーズの場合は，障害の程度が重い方に変更され
たということだ．ピアーズは審査員のこの決定に対し，以下のように述べてい
る．

> たった0.5下げるだけで，選手のキャリアが左右されることもあるのだ．
> ……このクラス分けの変更は，私が失ったものすべてを客観視しているよ
> うだ．弱った筋肉，落ちた技術，衰えた能力，次に失うものへの恐怖．
> ……（筆者加筆：だが）コーチにとっては，私の階級が下がったことで，
> より強い選手を一緒に並べられるようになっただけなのだ．……私は世界
> 選手権のアスリートなのだから，チームのために喜ぶべきであり，自分を
> 哀れむ必要はないと自らに言い聞かせている (Peers 2012 : 184).

　ピアーズが言うように，バスケットボール選手としては，このクラス変更を
喜ぶべきなのかもしれない．だが，この変更に，決してピアーズ自身は納得し
ていなかったことが容易に読み取れる．ピアーズの障害は筋ジストロフィーで
あるため，おそらくその進行に対する恐怖もあっただろう．クラス分けの数字
が小さくなるほど身体の可動域は狭く，プレイ中の動作にも限界が生じると見
なされるのが車椅子バスケットボールである．ピアーズの階級変更によって，
コート内により持ち点の多い選手が入れるのは事実だ．しかし，ピアーズ本人
は自らの意志とは無関係に，以前よりプレイや動作が困難になったと判断され
るのである．ピアーズが指摘するように，審査員の判断一つで，選手としての
活動の幅に変化が生じる可能性は否定できないだろう．
　ほかに，ピアーズとは逆の事例もある．2021年夏季東京パラリンピックでは，
車椅子陸上の伊藤智也の障害の程度が，開幕直前の検査で一つ軽い方に変更さ
れた．数字が小さいほど障害の程度が重いと判断される車椅子陸上において，
伊藤は，従来のT52クラスではトップ選手であった．また2008年の北京パラ
リンピックでは二冠を達成し，2012年のロンドン・パラリンピックでは三つの
銀メダルを獲得した．その後，伊藤は一度競技から退いたが，東京パラリン

ピック直前の世界パラ陸上競技選手権大会 (2019年：UAE) においても，T52クラスで銅メダル二つと，銀メダル一つを手にしている．しかしながら，東京パラリンピック直前の検査で体幹機能の残存を指摘され，T53への変更を告げられた．伊藤は検査結果に抗議したが覆らず，予選敗退でパラリンピックを終えることとなった．

日本パラ陸上競技連盟の指宿立は「IPCは選手が公平に競技ができるよう，科学的なエビデンスに基づいてルールを整備している」と言う (原文ママ)．だが，これを否定する主張もある．ショーン・トゥイディらは，理想的な障害 (impairments) のクラス分けは，その方法が「特定のスポーツにおいて，同程度の困難をもたらす障害を持つアスリートで構成されていると示す，科学的根拠に基づいていること」だが「残念ながら，そのような根拠は存在していない」と述べている (Tweedy et al. 2014：13)．トゥイディらにしたがうならば，指宿の言葉は疑わざるを得ないし，クラス分けの医学的な証拠がアスリートにとっての公平性を保証するわけではないということである．加えて，クラス分けについては，岡崎勝が次のように主張している．

> スポーツの区分と分類は参加者の公平性を高めるためという表向きの理由とは裏腹に，区分を超えて……分類を無視して一緒にプレイできないという壁を個々人に作る．厳しく分けられた障害の分類と制約の世界の中で，パフォーマンスを上げるために自分の身体をいかに強くし，コントロールできるか，勝利できるかという「欲望」を選手に与える．……障害を微細に差異化したスポーツは人間個々の分断を前提とする (岡崎 2018：60)．

詳細は次節に譲るが，バスケットボールのパフォーマンスを上げるため，呼吸の仕方一つから競技用車椅子の微調整など，さまざまな行為によって（パラリンピックの）アスリートになっていくことをピアーズが論じている (Peers 2015)．また「パラリンピックのアスリートは選ばれたエリートである」から (Purdue and Howe, 2012, "See the Sport, Not the Disability?")，オリンピックと同様にパラリンピックも「成り上がり物語」であり (檜垣 2023)，根源的に障害者同士の分断によって成立しているものなのである．さらには，指宿ら自身が「クラス分けは競技するグループのみを決定するものでなく，『だれが競技者となりえるか』を判

断する」と述べている (指宿ほか 2016：224)．これはまさに「クラス分けは『だれが競技者になりえないのか』という判断を下す」ものだと言える (坂井 2020：163)．

　元来，すべてのアスリートが納得するクラス分けなど不可能であるが，その結果に不服であっても覆ることはほとんどないというのが現実だろう．それほど，クラス分けは絶対的なものである．国際パラリンピック委員会や各競技のクラス分けを担う審査員は「科学的根拠に基づいている」と言うが，実際には「そのような根拠は存在していない」とされる．そうであるならば，「クラス分けは科学的根拠に基づく」と主張することそのものが欺瞞ではないだろうか．一定の恣意性から逃れることはできない（はずの）クラス分けに，恣意的なものが存在しないかのように見せかけることは，決して小さな問題ではないと考える．選手の分断とは異なり，こちらは意図的に不可視化されていると言っても，過言ではないだろう．

3．「パラリンピック選手」としての主体化——告白・診断，そして（規律）訓練

　「パラ・スポーツの世界では，われわれは自分たちの出自を語るのが大好きだ」と，ピアーズは言う (Peers 2012：177)．もっとも正確に言うならば，ピアーズは語るのではなく，語らされるのである．「われわれは……クラス分けされるたびに，メディアのインタビューを受けるたびに，そしてわれわれが何をしているのか，何者なのかを尋ねられるたびに，こうした話をくり返すように求められる」(ibid.)．ピアーズはフーコーを参照しながら，診断，分割，主体化の三つによってパラリンピック選手になるのだと，まずは簡単に述べる (ibid.：178)．

　第一の診断は「検査や医学的真理を利用し，……ある人を障害者と断定することである」(ibid.)．ピアーズは児童期，ほとんど毎年のように医師のもとへ連れられ，さまざまな検査を受けるが，一向にひざの状態は回復しなかった．そして，10年以上にわたり受け続けた理学療法を諦めたのちに，車椅子バスケットボールを始めたと振り返っている (ibid.：179)．ピアーズは「健常者」アスリートとして車椅子バスケットボールを3年プレイしたのち，筋ジストロフィーと診断され，ナショナルチーム入りの資格を得たとされる．[15] つまり，車椅子バスケットボールをプレイしても障害者とは断定されないが，カナダ代表

と認められるには，その診断が求められるのである．また筋ジストロフィーと
診断された段階で，おそらく障害者だと判定されるであろうことから，やはり
医学的な判断によって障害者が生まれると言える．

　第二の分割だが，これは再三論じてきた通り，クラス分けが該当する．身体
機能の正常（性）を基準に，車椅子バスケットボールの場合は，合わせて八つ
のクラスに選手が分けられている．そして，第三の主体化については，次のよ
うに説明されている．

　　パラ・スポーツにおける主体化（subjectivation）とは，アスリートたちが自ら
　　の身体を障害者のそれとして理解し，自らのクラス分けを管理するように
　　なり，パラリンピアンとして自らを認識し，形成するようになる（あるい
　　は，そうでない自己を形成しようとする）複雑なプロセスのことである．
　　それは，もはや，ただ障害者であると宣言されるだけでなく，自らの障害
　　を正直に告白する意志（willing）と能力を持つようになるプロセスである
　　（ibid.：178）．

　第2章で，人間が個人になることが主体化であり，主体が主体になるために
は自己についての真理，すなわち「ほんとうのこと」を語る必要があると論じ
た．ピアーズの上記の説明は，それを凝縮して具体的にしたものであると言え
る．パラリンピックに出場するためには障害者という個人であることが大前提
であり，医師の診断を受けるだけでなく，自己の身体は健常者のそれとは異な
るものであると理解しなければならない．その上で競技別に定められた，自己
に割り当てられたクラス分けを遵守し，その範囲内で最大のパフォーマンスを
行うのがパラリンピック選手である．換言すれば，パラリンピック選手は「専
門家」が決定したクラス分けの範囲を超えた身体の動きをしてはならないし，
逆にそこで想定されている身体的動作より自己の動きが下回ってもいけないの
である．そのようにして「パラリンピック選手」としてのアイデンティティが
形成されていく．ピアーズは，その様子を以下のように表現する．

　　痛みでむくんだ10歳の足でバスケットボールのサイドラインを行ったり来
　　たりしていると，汗まみれの重い空気が疲れた肺を溺れさせる．コーチは

観客席に座り，ストップウォッチに目を凝らしながらわれわれを観察している．私は顔をリラックスさせ，呼吸を整え，痛みで苦笑しているところをコーチに見せないように必死だ．本物のアスリートは痛みに負けたりしない．コーチが何度も繰り返す呼吸の呪文にしがみつき，それが今，私の頭の中で執拗にループしている (Peers 2015：203).

　アスリートは，どれほどの痛みや疲れも表情に出してはならないし，呼吸一つであっても，正しい方法を身につけなければならない．だが，ピアーズは正しい呼吸の仕方をコーチに教わったわけではない．ただ，運動する上で有用かつ効率的な呼吸にするために，その方法の反復的な訓練を課されただけだと言う．そして，次のように続ける．

　　より規則的で効率的な呼吸を生み出すための反復呪文を内面化することで，呼吸のリズムを完璧に調整された歩幅に合わせることができた．監視されながらのくり返しによって，一見本能的に見える息を，ファウルショットで革のボールが私の手を離れる前の瞬間に吐くことができるようになった．……これらの日々の練習を組み合わせることで，私の呼吸，身体，アイデンティティは，次第にアスリートの呼吸，身体，アイデンティティへと形作られていった (ibid.：204-205).

　このようにして一人の人間がアスリートへと変容していくわけだが，パラリンピック選手の場合は，これだけではまだ不十分である．己の障害について自ら（積極的に）話すことが要求されるからだ．何度も述べているように，車椅子バスケットボールのカナダ代表としてプレイする資格があると認められるためには，1.0から4.5までのいずれかの障害の程度に分類されなければならないからだ．ピアーズは，クラス分けに必要な審査員とのやり取りを，ある程度詳細に記している．少し長くなるが，抜粋して引用しよう．

　　私がフロアから立ち上がり，審査員の方へ歩いていくと，まるで私が話す前から嘘をついていたかのように，彼らが軽蔑のまなざしで私を見ているのがわかる．……「それで，どんな障害を申請しているのですか？」私は最も正直な答えを探して「特定不能の下肢ミオパチーです」と言った．ク

ラス分けの担当者は皆，私を見上げ，一人が「特定不能？」と聞き返す．その声の調子から「特定不能」とは，測定不能，分類不能，つまり私の頭の中にあるものだということが分かる．私は「四肢帯筋ジストロフィーの一種です」と自己弁護に飛びついた．それは部分的な嘘に過ぎない．……「悪化するのでしょうか？治療法はないのでしょうか？」と，審査員の一人がほとんど希望的観測で口を挟む．「進行性です」と，私は神経科医の言葉と口調をオウム返ししている自分に気づき，話し始めた．「今のところ治療法も治癒法もないのです．この先どこかの時点で，車椅子に乗ることになるでしょう」．私は，それが最悪の運命であるかのように，最後の言葉を強調した．審査員の雰囲気が明るくなった．審査員の一人が筆箱を私の目の前の床に落とした．「それを拾って」と彼女は命令する．私は腰をかがめて筆箱を拾い上げ，彼女に返した．彼らの目は私の動きを追っているが，今回は軽蔑というより無関心である．「4.5」と彼女は宣言する．他の審査員もうなずき，一人はそれを公式の用紙に書き留め，もう一人は未読のバインダーを私に返した (Peers 2012：181)．

　ここから，少なくとも三つのことが分かる．第一に，まだやり取りが始まる前であるにもかかわらず，審査員がピアーズに不審を抱いたと読めるのは，ピアーズが歩いていたからだろう．既述したように，車椅子バスケットボールそのものは健常者（非車椅子ユーザー）でもプレイできるが，パラリンピックの選考においては対象外だろう．それゆえにクラス分けの審査員は，歩行可能な者を想定していなかったと推測できる．第二に，個人の障害は特定可能なものでなければならないということだ．障害の告白は正直でなければならないという暗黙の了解に従ったピアーズだが，それが審査員を困惑させた．そのことに気づいたピアーズは「パラリンピック選手」として正しくあるために，部分的な嘘を選んだのである．第三に，障害は永続的なものであることが前提とされている．治療の是非は措くとして，障害は治ってはならない．仮に治療によってそれが治るようなことがあれば，その段階でパラリンピック選手ではなくなってしまう．ピアーズの場合は進行性の筋ジストロフィーのため，歩行可能な状態から日常的な車椅子ユーザーへ段階的に変化していくことは，ほぼ確実

だっただろう．だからこそ，よりピアーズ（の障害）は，パラリンピックに適していたと言えるのである．

　筋ジストロフィーと診断され，クラス分けの判定も終えたのちは，パラリンピック選手として，そして障害者としての振る舞いの「自己管理能力に対する監視は，ますます分散され，常に存在するようになった」とピアーズは言う(Peers 2015：206)．それは心拍数のデータなどによるデジタル監視や，コーチによる継続的な対面監視に留まるものではない．たとえば「見知らぬ人々も，私が脚を動かしたり，車椅子から立ち上がったり……すると，彼らの感激の表情がしばしば不満のそれに変わり，時には『偽者』だという怒りの非難を伴うこと」もあった．それゆえに，ピアーズには「見知らぬ人々から，障害を勇敢に乗り越えたと認識される方法で賞賛を受けるより先に（before），彼らが期待する身体障害者（physically fit disabled person）のように（as if）振る舞う義務があった」のである(ibid.：207)．また「私の規律正しい姿勢を損なうような高い背もたれや肘掛け」がなく，ピアーズを「軟弱で，依存的で，『弱虫』に見せるようなシートベルトや転倒防止バー」がない車椅子を使用するといいと，チームメイトから教えられた(ibid.：207)．このような，自己を律する視線や「規律は，訓練された個人の特定の能力を高めるだけでなく，その同じ個人をますます従順（docile）にする」のである(ibid.：208)．それによって，ピアーズは「トレーニングを積めば積むほど，感動を与えるアスリートとしてのアイデンティティに没頭」し，「それを再現しないような行動や，自分自身について語ること」を拒むようになった(ibid.：208-209)．換言すれば，クラス分けの際の告白を含め，あらゆる他者からの監視，そして自己による自己監視やトレーニングがピアーズを「正しい」障害者にするとともに，人を感動させるパラリンピック選手にしていくのである．したがって，これら一連の行為が「パラリンピック選手」としての服従化＝主体化であると言えるだろう．

４．パラリンピックにおける障害者の抵抗に見る別の生の可能性
　　　──バルセロナおよびアトランタ大会

前節では「専門家」や健常者に服従することで，ピアーズがパラリンピック

選手になっていく様子を論じた．しかし，それだけでなく「アスリートの抵抗
が，パラリンピックの受動性や専門家の博愛といった言説に根本的な疑問を投
げかける」のだとピアーズは主張する (Peers 2009：659)．それゆえ「パラリンピッ
クの歴史は抵抗する人々を，正当かつ重要な批判をおこなう力のある，知識と
経験豊かな主体であるとは表象しない」(ibid.)．それどころか，むしろステット
ワードらの *Paralympics* も，ベイリーの *Athlete First* もアスリートらの抵抗を「パ
ラリンピック・ムーブメントとアスリート自身に脅威をもたらす，無知で見当
違いなもの」であると表現している (ibid.)．だが，ピアーズは *Paralympics* と
Athlete First からそれぞれ引用し，そこでステットワードやベイリーが「見当違
い」だと言う選手の行動に，健常者やパラリンピックの専門家に対する抵抗を
見出している．それが1992年のバルセロナ大会と，1996年のアトランタ大会で
ある．

　ピアーズの引用によれば，1992年バルセロナ大会の表彰式において，韓国の
ボッチャチームが新しい「スポーツ特有のルール」に抗議し，銅メダルを地面
に投げつけたという (Bailey 2008：127)．パラリンピック実行委員会は Shin Hyuk
Lim, Jin Woo Lee and Ki Yean Lee の各選手の生涯追放を一度は決定したようだ
が，「重度の障害を持つ」('severely disabled') アスリートの追放は「人道的」
('humane') ではないという主張によって，最終的にそれは解かれている (Bailey
2008：127)．ボッチャチームがどのような「スポーツ特有のルール」に抗議した
のかという詳細やアスリートの名前は，ベイリーの語りから省かれているとピ[16]
アーズは言う (Peers 2009：659)．もちろん，抗議内容の詳細を知るための資料は存
在するだろう．だが，その部分の詳細を明らかにするという点は目的ではなく，
あくまで「健常者に従順でない障害者の姿」を示すことが，本章にとっては重
要なのである．障害者が，パラリンピック選手が，抗議行動を自らの意志で示
したという点を重視する．これは一つの演出ないしパフォーマンスだと言われ
れば，そうなのかもしれない．また，ピアーズの解釈では，ボッチャチームの[17]
抗議内容やその理由，抗議結果を語らないことで，ベイリーはアスリートの
「抵抗の物語を専門家の制裁の物語に置き換え」て「抵抗の正当性を損なわせ
ている」のである (ibid.：659-660)．さらにピアーズの解釈をつけ加えるならば，
追放（未遂）という極端な制裁によって，パラリンピックの専門家がいかにア

スリートの抵抗を弱めようとしたのか，また，障害の悲劇言説が暗黙の裡にアスリートの力を奪ったということが，ベイリーの語りからわかるのである (ibid.: 659).

　上記のようなピアーズ解釈も，理解することはできる．バルセロナ大会のスローガンは「スポーツに限界はない」（"Sport without limits"）であり，成功のために逆境に打ち勝つというパラリンピックの価値観を反映したものだったとされる[18]．そして，ボッチャチームはまさに「逆境に打ち勝」ち，銅メダル獲得という「成功」を収めたとも受け取れる．それはグットマンならば，「重い障害を持つ悲劇の障害者がつかんだ希望」だと，言い換えれば「パラリンピックは重い障害を持つ悲劇の障害者に希望を与える」のだと言ったかもしれないものである．にもかかわらず，その象徴とも言えるメダルを投げつけたのだから，グットマンに依拠するベイリーの立場で見れば，追放未遂は当然なのかもしれない．それを「非人道的」だという理由で解いたことは，やはり障害者を悲劇の対象と見なしていると同時に「専門家」の権威と彼らに対する憐れみを示したとも言えるだろう．この点から言うならば，ボッチャチームの抵抗が専門家の権威の誇示と制裁へと意味がすり替わってしまったという見方が，確かに成立するのである．

　しかし，筆者はメダルの投げつけを抵抗と見るピアーズの解釈を支持しつつ，ピアーズとは別の見解を示したい．先に結論を提示してしまえば，その抵抗は（ソクラテス的な）パレーシアであり，キュニコス派の別の生だということである．（ソクラテス的な）パレーシアは「真なることを語」り，「人々の生の様式を問い直すこと」だった．ベイリーあるいはパラリンピックの関係者によってその理由は隠蔽されたが，おそらくメダルの投げつけは予想外の行為であったはずである．また，それは「スポーツ特有のルール」に対するものでありながら，ピアーズの書き方からは健常者（専門家）への抗議も含まれていたように読める．加えてもう一つ，パラリンピックの関係者には，障害者が何かに抗議することはないという考えがあったのではないだろうか．そうであるとするならば，ボッチャチームの行為は"障害者は従順である"という健常者の考え方を障害者が多少なりとも強いられてきたと言えるであろう，そのような生の形式を問い直すものであったのではないか．たとえ，選手らは障害ゆえに発話

による意思疎通が困難であったとしても，メダルを投げつけるという行為そのものを以て，真なることを語ったと筆者は主張する．さらにキュニコス派に関連させて言うならば，選手らはメダル授与の場でそれを投げつけ，あえてキュニコス派と同じく「慎みを欠いた，恥知らずの生」を現したのである．それは"障害者は従順である"という悪評に立ち向かう行為でもあった．加えてメダル授与の場におけるしきたり，別の言い方をすれば，当然だと考えられている振る舞いを拒否したことも，やはりキュニコス派と共通する．よって，これも別の生であろう．キュニコス派の第四の反転は「戦闘的な生」だが，これはもはや言うまでもないかもしれない．選手らはメダルを投げつけることで「スポーツ特有のルール」やパラリンピックの専門家に噛みつき，暗黙のしきたりと障害者の生き方を変えようとしたのである．キュニコス派の戦闘性は「完全に万人に差し向けられ」た，開かれた場におけるものであった．メダル授与の場も開かれた場だと言うことが可能であろうし，何よりもメダルの投げつけはパラリンピックの関係者のみに向けられた行為ではない．それによって変化を要求されたのは，障害者・健常者を問わなかったはずである．それは健常者に対する抗議の意味だけでなく，選手は自ら，すなわち障害者も変わらなければならないということを示したのではないだろうか．それは「ただ単に……個人が持ちうる……悪徳や欠点や臆見と闘うだけでなく，しきたりや法や制度といった，人類一般に共有されている悪徳や欠点や弱さや臆見に依拠するものにも立ち向かう」行為だったと，筆者は主張する．選手らはこの抗議を通して別の生となり，現状とは異なる世界に変えようとしたのである．

　もう一方のアトランタ大会における抗議だが，これはステットワードらによれば大会の最後に起こったものである．当時，国際パラリンピック委員会（IPC）の会長職に就いていたステットワードは，以下のようにふり返っている．

　　選手らは，寝具がない，宿泊施設が汚い，……食事がない……などといった理由で選手村に関して怒り心頭であり，閉会式で抗議を予定していた．これは，開催委員会にとってはかなりの見世物であり，公衆の面前で恥をさらすことになっただろう．私がこの抗議を知ったのは，閉会式でスピー

チをする20分前だった．私は人々にフィールドに降りてもらい，この抗議を先導していた選手たちを連れてきてもらった (Steadward and Peterson 1997：86)．

　ピアーズの主張では，上記のような扱いを受けた多くのアスリートが平和的な抗議を予定していた (Peers 2009：660)．行動を起こす前に阻止されたため，抗議の方法や内容は分からずじまいである．しかし，ピアーズの主張を信じるならば「平和的な」ということであるため，選手らは筋の通らない要求や過激な方法を採るつもりはなかったであろう．にもかかわらず，ステットワードは「あなた方が提供してくれた素晴らしいエンターテインメントとスリルを台無しにし，この大会で自らに汚点をつけることのないようにしよう」という言葉で (Steadward and Peterson 1997：86)，抗議の先導者を単なる娯楽の対象に仕立てた．それだけでなく，予想される抗議の結果を以て，選手を脅すことに成功した．ステットワードとピーターソンは，この物語を語り継ぐ歴史家として，専門家によるパラリンピック・ムーブメントの窮地救出と，見当違いの選手を選手自身から救ったことを紛れもない勝利としている．それらによって，選手らの抵抗をさらに弱体化させているのである (Peers 2009：660)．

　もし本当に抗議が実行されていれば，国際パラリンピック委員会の恥さらしになったことは間違いないだろう．ステットワードが専門家の権威で，委員会と自らの体面を守ろうとしたのであろうことは，容易に想像できる．またそれは，表向き健常者（専門家）が障害者（選手）からの抗議を受けるという屈辱の回避ではない．だが，ピアーズはそう考えていると推測できるし，少なくとも筆者の解釈はそうである．加えて，選手らがこのような扱いを受けたのは「障害者だから」なのか，他に理由があったのか，それはわからない．だが，たとえ「平和的な」方法であったとしても，選手らが委員会や専門家と闘おうとしたことは事実だろう．それはアスリートとして，あるいは障害者としての待遇改善を要求することで「しきたりや法や制度……に共有されている悪徳や欠点や弱さや臆見に依拠するものにも立ち向か」おうとしたのではないか．そうであるならば，やはりアトランタ大会における選手も闘いの生を生きたのであり，抵抗する主体としての自律的な障害者が，そこに成立していたのである．バルセロナおよびアトランタ大会における障害者の抵抗，言い換えれば，彼ら

が闘いの生として現状の世界を変える可能性は，確かにあった．それを阻んだのは，自らの権威や手にした力を優先させた専門家，あるいは健常者であると言えるだろう．

5．ピアーズの別の生

ピアーズ (2009) は論文の序盤で，次のように記す．

> 他人が私について書いた新聞記事や公式発表を読んだ．自分の助成金申請書，スピーチ，名刺も読んだ．私はクリップでも，クィアでも，アスリートでも，活動家でも，学生でも，女性でも，レズビアンでもなく，パラリンピアンだと決められていた．自分の人生の物語が，パラリンピアン (*The Paralympian*) のそれへと変貌していく．私の出自は，生まれた瞬間ではなく，身体的な障害（physical disablement）を負った悲劇の瞬間に宣言されたのだ．私は……スポーツという進歩的で慈悲深いエンパワーメントによって，障害のどん底から救われたのである．私の運命は，青春の到来として読める．私は英雄的なパラリンピアンである．表彰台，メダル，そしてすべてが (Peers 2009：654)．

ピアーズは「パラリンピアン」としての人生の物語が，ピアーズ自身にとってうまくいってきたことを感じていると言う．そして助成金，講演の仕事，畏敬のまなざし，憐憫の情の先延ばしなど，それによって与えられてきたものも多いが，自分の名前が有名になると同時に匿名化されるという代償がついてきたとも続ける (ibid.：654)．ゆえにピアーズの物語は，パラリンピックの歴史という「大きな物語」から切り離すことはできず，「私はパラリンピックの歴史に関与していると同時に，その結果でもある」と述べるのである (ibid.)．

そのピアーズによるならば，「パラリンピック・ムーブメントは成熟した大人となり，支援を必要とする人々や自分たちのエンパワーメントに責任を持つようになった」(Bailey 2008：263) というベイリーの主張は，悲劇的な起源と進歩的なエンパワーメントという言説なしには理解しがたい (ibid.：662)．そして「このような言説に異議を唱え，こうした歴史が依拠する一連の前提が解きほ

ぐされ」る時，「パラリンピック・ムーブメントはどのような責任を引き受けてきたのか」「誰がこの責任を与えたのか」「われわれがパラリンピック・ムーブメントを語る際に，誰のことを指しているのか」「パラリンピック・ムーブメントの語り手がアスリートではなく，パラリンピックの専門家を指すのであれば，パラリピアンにはどのような責任があるのか」を問い始めることが可能な空間が開かれると論ずる (ibid.)．言い換えれば，パラリンピックの起源として，グットマンの「可哀そうな障害者の救済」言説に依拠している限り「受動的な障害者」は不変であり，パラリンピック選手は永久に抵抗する主体にはなれないのである．加えて，先述したように「抵抗する主体」とは，別の生であると同時に闘いの生である．すなわち，抵抗する主体になれないことは「別の生としての，闘いの生」(Foucault 2009＝2012：384) にはなれないということと同意である．したがって，逆を言えば，パラリンピック選手が別の生（あるいは，闘いの生）になるためには，グットマンとその系譜上にある物語とは異なるものが必要だということである．

では「自分自身の無力化された物語と闘い，抵抗とより親密な関係を築こうと努めている」(Peers 2009：655) と述べるピアーズは，どのように「別の生」として生きようとしているのだろうか．少し長いが，非常に重要だと思われるので，そのまま引用しよう．

> 私は知っている．多くのアスリートは，スポーツを通じて繁栄している．私は知っている．彼らはコミュニティや抵抗を作り上げている．私は知っている．彼らは，自分たちがプレイするスポーツを積極的に組織化し，時にそれを解体させ，創り出し，その質を変化させている．私は知っている．このアスリートたちには名前があり，また，障害に起因するものでもスポーツのキャリアで終わるものでもない物語を持っていることを．私がこういったことを知っているのは，アスリートたちが互いにいくつもの物語を語り合っているからである．……私たちが語る物語は，制度化された沈黙への抵抗を促すのである (ibid.：662)．

つまり，グットマンを称賛するステットワードとピーターソン，そしてベイリーらが語るより（障害を持つ）アスリートははるかに能動的であり，決して

「悲劇的で，絶望的で，受動的で，死んだも同然」の存在ではないのである．さらにアスリートを匿名化し，あるいは各人の出自の物語を聞きたがるのは，彼らを悲劇の英雄（でありながら，自分たちとは異なる存在と見ている）にしたい専門家，インタビュアー，読者である．

　さらにつけ加えるならば，ピアーズは言及していないが，たとえば1944年のグッドマンによるスポーツプログラムの実施より20年早く，1924年のパリで第一回世界ろう者競技大会（World Games for the Deaf）が開かれている (Séguillon 2002：119)．これは既述したように，1888年までにろう者コミュニティが創られ，そのメンバーによって組織された競技スポーツがあったことと無関係ではないと推測できる．また，いずれも実を結んだとは言いがたいかもしれないが，過去二回のパラリンピックで選手らが抵抗を示し／示そうとしたことは，ピアーズが明らかにしている通りである．

　さらにはピアーズが主張するように，個々のアスリートには名前がある．新聞記者らによって「パラリピアン」にされても，ピアーズにはダニエル・ピアーズという名前があり，「筋ジストロフィーの患者」や「元車椅子バスケットボール選手」だけでないピアーズの人生と物語がある．それを話すことで「悲劇を克服した障害者」ではない，たとえば研究者としてのピアーズの姿が現れる．少なくとも，研究者として論文を執筆するということそのものには，障害は無関係である．そのような研究者の物語が展開される時「制度化された沈黙」(Peers 2009：662) は破られ，抵抗が生まれるだろう．「制度化された沈黙」とは，障害者は専門家（健常者）によって力を与えられる存在であり，韓国のボッチャチームの行動やアトランタ・パラリンピックでの抗議活動が沈黙させられたように，彼らに感謝はしても抵抗はしないといった「障害者らしく」いることが暗黙の前提になっていることを指すと考えられる．それに抵抗するためには「障害者」でも「パラリンピック選手」でもない物語が必要なのである．さらに重ねて言うならば，それによって，個々のアスリートらは「人類一般に共有されている……臆見に依拠するものにも立ち向か」い「世界を変えようとする闘いの生」，換言すれば，別の生になるのである．先の引用部分に続いて，ピアーズは以下のように述べている．

私は知っている．抵抗とは，パラリンピック・ムーブメントの制度や制度化された歴史を非難すること以上のものでなければならない．私は知っている．抵抗の種は，私が私自身について，私に対して語るすべての物語の中にも埋め込まれている．抵抗とは，悲劇的な溝（どぶ）の神話（the myth of the tragic gutter）を打ち砕くために，表彰台の英雄的行為を放棄することだ．抵抗とは，これまで私が溝に追いやった人々と，私を表彰台に乗せた人々が，目を合わせることを意味する．抵抗とは，私たちが，私たち自身の物語を書くまで，異なる物語——売れないかもしれない物語や，歴史書から省かれるかもしれない物語——を語るということなのである（ibid.）．

　すなわち，ただ単にパラリンピック・ムーブメントの制度や構築された歴史を批判するだけでは抵抗ではないということである．「悲劇的な溝（どぶ）の神話」を打ち砕くとは，「パラリンピック選手は障害を負うという人生の悲劇的な溝に落ちた状態から，見事にエンパワーメントされて這いあがった人々であるという神話」を崩壊させることを意味するだろう．そのためには，パラリンピック選手自身が，表彰台での栄誉を放棄しなければならない．それは，パラリンピック選手ではない障害者を「溝」に落とすことと引き換えだからだ．そうして溝の中の障害者と，ピアーズを表彰台に乗せた人々が直視しあうのである．それは，（健常者の）受けが良くないがために，健常者が書いた歴史から省かれるような物語を，障害者自身が自分たちのそれを書くまで語るということである．それがピアーズの言う抵抗だと読める．悲劇的でも感動的でもなく，それはパラリンピック選手が「パラリンピック選手」でなくとも，ほかの人々に非難されることのない「真の生」の物語である．その物語を「可能な限り数多くの他の人々の実際の視線」が集まる「舞台に上げる」必要がある．それは，人々や世界の考えを変えようとする闘いでもある．憐れみや感動を呼ぶものとは「異なる物語」を，パラリンピック選手自身が書いたり語ったりする時，彼らは「別の生」を生きるのである．

　上記のピアーズの主張を，パラリンピックとは無関係な筆者が言い換えると次のようになる．「悲劇的な溝（どぶ）の神話」の崩壊は，パラリンピック選

手であるか否かにかかわらず，障害者に求められることだろう．個々人が障害（インペアメント）を負った経緯がいかなるものであれ，すなわちそれが先天的なものであれ，事後的なものであれ，そのことが「悲劇的な溝」への落下を意味するわけではない．インペアメントが先天的なものである場合は，最初からその状態なのであり，当人からすれば「悲劇的な溝」に落ちたという感覚はないかもしれない．逆に，事後的にインペアメントを負った場合は，そのような感覚を味わうこともあるかもしれない．しかし，いずれにしても「悲劇的な溝」は健常者との比較，もっと言えば健常者規範が生み出したものである．健常（者）が「正常」であるからこそ，障害（者）は「悲劇的」だと見なされるのであり，「溝に落ちた」とまで言われるのである．だが，本当に問うべきことは「溝」から這いあがった「感動的」な方法ではなく，「神話」の存在そのものであり，健常者規範の方だ．

　また，障害者は服従するだけの主体ではないのだから「障害者である」ことにも，自らの意志が働くはずである．パラリンピック選手としてのピアーズの物語と，研究者としてのピアーズの物語が異なるように，障害者は常に「障害者」ではないのである．自律的な主体としての障害者があり得るように，能動的に「障害者でない」こともあり得る．おそらく，後者の物語の受けは良くないだろう．しかし，感動ポルノと，障害者は服従する主体であるという定式から逃れるためには，そのような物語こそ必要なのである．そして，そこから逃れるための闘いが「別の生」を生きることであり，真理へたどり着く道であり，その先の「別の世界」を導くのである．

注

1　「パラリンピック」という名称は，脊髄損傷者を表す「パラプレジア」のパラと「オリンピック」を掛け合わせたものであるとされ，1964年の東京パラリンピックにおいて，世界で初めてその名称が用いられた．その後，1985年から正式名称となり，現在に至るとされる（坂井 2020：155-156）．

2　ピアーズは「パラ・スポーツという言葉は，多くの代替用語（車椅子スポーツ，アダプテッド・スポーツ，障害者スポーツなど）と同様に，それ自体が排他的であり，否定的であり，矛盾を抱えている．ここでは，パラリンピック競技大会に登場する高度に構造化され，競技化されたスポーツを示すために，パラ・スポーツという用語を使用す

る」と註釈を入れる（Peers 2012：187）．本章もこの用法に倣い，パラリンピックのスポーツをパラ・スポーツと呼ぶ．

3　この文章は，国際パラリンピック委員会（IPC）が公表している "IPC VISION, MOTTO, SYMBOL" に書かれている一説である．現在も PDF 版で閲覧することは可能だが，それが公表された年は記載されておらず不明である．

4　たとえばスチュアート・ブレイブは「英国における障害者スポーツの始まりについて，ほぼ全面的にグットマンの功績が認められ，グットマンがパラリンピック誕生の種をまいたということは，……必ずしも完全に正確ではないと私は主張する」と述べ，グットマンを起源とする説に批判的である（Braye 2016：1289）．一方，坂井めぐみはグットマンに対する批判を認めつつも，脊髄損傷者の「褥瘡発生と尿路感染の予防を徹底し」，「リハビリ・スポーツを導入して脊髄損傷者の死亡率を大幅に下げた」とグットマンを評価する（坂井 2020：156）．また，「グットマン……を筆頭にパラリンピックに関わったひとたちは，障害者に対して熱意と善意を持って真摯に取り組み，社会的にも高く評価されたこと」を強調しておきたいとも主張している（坂井 2020：165）．

5　ピアーズは「パラリンピアンという言葉を，パラリンピックまたはその前身大会に出場した選手という意味で使っている」と註釈を入れているが（Peers 2009：662），あまり耳馴染みのある言葉ではないと筆者は考える．したがって，引用以外は文脈を考慮しつつ，「パラリンピアン」を（元）パラリンピック選手と訳す．

6　ザッセル・シルヴァーは，障害者のためのスポーツは第二次世界大戦後に始まったという仮説，すなわち，グットマンが開催した競技会を最初とする説に異議を唱える．そして，第一次世界大戦の前後には，フランス，ドイツ，英国ですでに組織的な形で実践されていたと主張する（Silver 2018）．特に「1888年には，ベルリンでろう者のためのスポーツクラブが発足し，障害者の間でスポーツへの関心が高まっていた」と述べる（Silver 2018：177）．

7　ピアーズの引用で 'cripples' と強調されている．

8　1931年-1945年のドイツに存在した身体障害者の当事者組織であり，1933年以降はナチ党と結びつくことで存続した．「精神的に正常で，教育可能なクリュッペル」と「有能な」身体障害者が会員となり，職業紹介や就職相談のほか，スポーツ事業を展開した．なお，この組織の前身はオットー・ペルルらが中心となって結成された「身体障害者自助促進連盟（Bund zur Föderung der körperlich Behinderten：1919-1931）」である．これがドイツにおける初めての，身体障害者の当事者団体であった（中野 2020）．

9　たとえば，同じ車椅子ユーザーが行う競技であっても，ボッチャより車椅子テニスやバスケットボールに対する注目度が高いという感覚が筆者にはあるが，これはあながち間違いではないだろう．

10　国際パラリンピック委員会（IPC）の "Paralympics History" を参照．

11　原文では normally と強調されている．

12　日本車いすバスケットボール連盟（JWBF）のホームページを参照．

13　パラサポ WEB「伊藤智也　帰ってきた金メダリスト」

14　伊藤の障害のクラス分けや，過去のパラリンピックにおける成績については「開幕直前，無念のクラス変更　車いす陸上・伊藤」2021年8月26日『朝日新聞』朝刊を参照し

た.

15　ピアーズの個人サイトを参照. なお, そこでは After three years of playing wheelchair basketball as an "able-bodied" athlete ［……］と記されているため, 邦訳も「健常者」と表記した.

16　ピアーズは, 国際パラリンピック委員会のウェブサイト (International Paralympic Committee 1992) から選手らの名前を知ったようだが (Peers 2009：659), 筆者は直接確認できていない.

17　だが仮に, 同じ演出であったとしても『24時間テレビ』を批判した理由は, それが「感動」に結びつけられ, 障害者が物体化されているからである. そこにおいては当人の意志が不可視化され, 障害者であることを強いられるからだ. パラリンピック選手の抵抗を演出あるいはパフォーマンスと解釈することは可能だが, 決して『24時間テレビ』と同じではないと強調しておく.

18　NPHT (National Paralympic Heritage Trust) の "Barcelona 1992 Paralympic Summer Games" を参照.

19　原文では I seek to trouble my own disabling stories と表現されているものを, 筆者が意訳した.

終　章

障害者の真理

　本書は権力に服従するだけではない，あるいはそれに服従しながらも自律的な障害者の主体（化）を見出すことを目的とする研究であった．それは，同時に現段階で障害学に欠けている，新たな研究のスペースを作り出すことでもある．たとえば序論および第1章で触れた辰巳は，社会モデル論の内部（自己）批判から2000年代以降に台頭したCDSを経て，もしくはそこから派生した新たな社会モデル論（例として Kafer 2013；Araneda-Urrutia and Infante 2020）を紹介している．また辰巳によるならば，主として2010年代以降には，いわゆるドゥルーズ＝ガタリを踏まえた社会モデル論／障害学も登場した（辰巳 2022：55-59）．辰巳の記述によるならば，ドゥルーズ＝ガタリを援用した議論では「ノマドロジー」（nomadologie）概念が「無力化された主体（impaired subject）を……反本質主義的な方法で自己を変容させ再構成する，……多重的で遊牧的な主体として再登場させる」と論じられている（Roets and Braidotti 2012：168）．そして辰巳は，グリー・ローツとロージ・ブライドッティを援用して「『ノマド的』という形容詞は，まさに特定の場所に留まることなく変化・運動を続ける存在者のあり方を示す言葉」であるがゆえに「従来の社会モデル……において『主体』は，『主体化＝服従化 subjectivation』……の効果として，消極的に論じることしかできなかったが，ドゥルーズ＝ガタリの哲学に依拠すれば，障害者の主体的経験をポジティヴな形で記述することが可能になるとされる」と続けた（同書：56）．だが，ローツとブライドッティの議論は，CDSにおけるインペアメントの軽視に対する警告と，主体性の議論の領域を切り拓くための，インペアメントの理論化の必要性を主張して結論づけられている（Roets and Braidotti 2012：175）．よって，同じ「主体化＝服従化ではない主体（化）」を追究するものであっても，インペアメントの理論化を求めない筆者の議論とは異なるだろう．本稿はインペアメントがディスアビリティ化

されているという立場を採っているため，あくまでも主眼はディスアビリティ
にあった．それゆえに impaired subject ではなく，言うならば disabled subject
の自律的な主体化を探求してきたのである．この impaired と disabled の違いの
訳し分けは困難だが，社会モデルがインペアメントとディスアビリティを識別
したように，両者は決して同じではないと考える．社会モデル風に言うならば，
個々のインペアメントを発端にして無力化された主体が impaired subject であ
るのに対し，個々人の状況がいかなるものであれ，ディスアビリティによって
無力化されたそれが disabled subject ということになるのかもしれない．ローツ
とブライドッティの議論が前者の主体化を目指すものであるとすれば，後者，
すなわち disabled subject の新たな主体化は，やはりまだ障害学では論じられて
いないと言えるだろう．したがって，「不在の主体 (absent subject) のためのスペー
スが作り出されなくてはならない」というモリスの批評の重要性を指摘する井
芹の主張もまた，意義あるものなのである．

　筆者は障害学における空白の一部を埋めるための議論を始めるにあたり，そ
の原点と言っても差し支えないであろう，オリバーのそれを比較的詳細に検討
した．オリバー (〔1983〕1999) は，障害の捉え方において，個人モデルが不適切
である理由を大別して二点挙げている．一つは「個人」というものが，個々人
に生じる（付随する）事柄によって決まるとされている点である．インペアメ
ントが先天的なものであれ，事後的なものであれ，それのみで個人が決定する
わけではない．第2章でフーコーを，第6章でピアーズを参照したように，
「個人」という「主体」になるためには，告白（の行為）が必要である．つま
り，インペアメントを持っているだけでは障害者にはならず，それについて本
人が告白することで初めて障害者になるのである．そうであるにもかかわらず，
個人モデルはインペアメントを持っているという事実のみで，当人を障害者と
定めている．これはインペアメントの個人化という観点だけでなく，主体化の
議論から見ても問題含みだと言えるだろう．もう一つは障害を個人化すること
で，当人に健常至上主義 (ableism) 的な基準を押しつけるという点だ．フィンケ
ルシュタインの主張を再度くり返すと，

　　障害者が個人的な損失を「被った」("suffered") という態度は，健常者の

正常性という基準を，暗黙のうちに受け入れることに基づく価値判断である．……「もし彼らが何かを失っていなければ，彼らは助けを必要としなかっただろう」という論理は「そして，彼らを助けるのは社会の代表であるわれわれゆえに，問題解決のための規範を設定するのはこの社会だ」ということを意味する (Finkelstein 1980：17).

　元の言葉である "suffer" は「苦しむ」を意味するが，すべての障害者がインペアメントによって苦しむわけではない．それが原因・理由で苦しむ人も一定存在するが，社会モデル的に考えるならば，多くの障害者はディスアビリティに苦しめられる（"suffered"）のである．インペアメントのある身体であっても困難なく生活ができる社会であれば，障害者は「助けを必要としなかっただろう」．逆に，健常者が設定した「（問題解決のための）規範」ゆえに，障害者は何らかの損失を「被った」（"suffered"）／被っているのである．問われるべきは，その規範と健常者が当然視する健常至上主義的な思考の方であるが，障害の個人化によってそれらは不問になる．正確に言うならば，それらは不問になるのではなく，不可視化され隠蔽されるのである．オリバー，ならびに UPIAS のリーダーの一人で，社会モデルの素地を示した FPD の作成に関わったフィンケルシュタインが個人モデルを問題視した大きな理由は，ここにあると言える．

　そして，これらの問いを背景に提示されたのが FPD だった．FPD に記された，UPIAS によるインペアメントとディスアビリティの識別をくり返すことは，ここでは避ける．だが，一言だけ引いておくと「身体障害者を無力化する（disables）のは社会であ」り「身体障害は，社会的抑圧の特殊な形態である」と定義されている（UPIAS 1976：14）．ここから分かるように，身体障害者は特殊な社会的抑圧によって，無力化される存在である．自明の理となっている健常者規範が（身体）障害者を無力化していると UPIAS は主張する．この主張に異論はない．だが，裏を返せば，障害者は健常者規範というある種の権力に服従する／させられる存在だと捉えているのが UPIAS なのである．個人モデルは言わずもがなだが，主体化という点から見れば，両者の土俵は共通している．すなわち，個人モデルも UPIAS も，障害者を自律的な主体とは見ていないということだ．この点は筆者が支持するトレメインも同様だが，トレメイ

ンの議論を振り返る前に，オリバーのそれに対して向けられた批判と応答についてまとめておこう．

　再度端的に言えば，オリバーの主張は「われわれの障害は社会から排除されることによって生じる不利益であり，個々人のインペアメントではない」というものである．これに対し早くから異論を唱えたのが，モリスやクロウといったフェミニストの障害者であった．モリスらの「インペアメントの軽視」という批判に応じたオリバーの答えは，個々のインペアメントや差異の強調は「社会モデルを非政治化するだけであり，障害者の……ために有用と思われるアプローチや代替モデルの開発にはつながらない……」だった（Oliver 2013：1025）．

　オリバーは障害者が社会から排除される大きな要因の一つとして，資本主義社会の到来による個人主義イデオロギーの台頭を挙げる．一人ひとりが個人となり，労働力となることで資本主義社会は発展してきた．それがゆえに，労働力にならないと見なされた障害者は社会から排除されるのである．その障害者を擁護するための給付金やサービスは存在する．オリバーの考え方にしたがうならば，それらは不利益を被ったすべての障害者が等しく受給するはずである．だが，個々のインペアメントや差異の強調は，それによる障害者の選別を許すことになる．つまり，障害の程度が重ければ給付金やサービスを受けられるが，そうでなければ削減されるということである．このようなからくりである以上，インペアメントや差異への注目は障害者にとって有用ではないどころか，逆に意図しない不利益を増幅させるというのがオリバーの主張である．ゆえに，インペアメントの／に起因する個人的な経験は否定しないが，それに注目しないことによる障害の個人化と医学化の回避がオリバーの議論の神髄だと言えるだろう．また，社会モデルを「障害の社会理論」ではなく「人々の生活を向上させるための道具」として用いることがオリバーの願いでもあったのである．

　しかし，上記のようなオリバーの議論や，社会モデルは障害者の身体と社会の状態との因果関係を断ったと述べた過去のシェイクスピアの主張（Shakespeare 1992：40）を踏まえてもなお，その批評性を失っていないのがトレメインの議論だと筆者は主張する．トレメインは社会モデルに一定の支持を示しつつ，それでも障害の個人化から脱却していないことを論じた．そのなかでも「『インペアメント』のカテゴリーは，ディスアビリティ化されたカテゴリーにほかなら

ず，……自然化されてはいても自然ではない」し，「インペアメントとディスアビリティの間に存在論的な区別はなく，『インペアメント』を考えるためにはディスアビリティが必要である」という主張が，トレインの議論の要であると考える．「個人的なインペアメント」の議論のように，それは常にすでに個人化されている／されやすい．それにとどまらず，インペアメントがディスアビリティ化されているのであれば，当然ディスアビリティも個人化されることになる．端的に言えば，インペアメントとディスアビリティの両方が個人的なものと見なされるということだ．ここから，社会モデルには障害の医学化を批判できても，その個人化を批判することはできないという結論が導き出されるのである．

　一方，個人モデルは個人主義イデオロギーと医療化イデオロギーを中心に，いわゆる法律的権力（juridical power）を用いて障害者を統治してきた．産業構造の変化とソーシャルワーク／ソーシャルワーカーの台頭によって障害者は労働市場から排除され，医学の対象となった．だが，表向き障害者は労働を禁じられたわけではない．労働力がないと見なされる環境において，医学の対象にされていったのである．それは時に「主体の自由の行使と一致するように見える方法で……導き」がなされたはずである．なるほど，これは服従と強制の統治である．しかしながら，強制を行う技術だけが統治ではない．それには，当人の自発的な意志によって自らを作り上げていくことも含まれる．すなわち，統治概念を精確に用いるならば，障害者はインペアメントとディスアビリティを個人化するような，この社会の構造に服従するだけの存在にはなり得ないのである．筆者は社会モデルが内包する構造をあぶり出したトレインの議論の意義を強く強調したい．それだけに，統治の強制を行う技術の部分のみの批判にとどまったトレインの主張には，障害者が新たな自己を作り上げる自律的な主体になることはできないのかという疑問が残ったのである．

　そこで，本書では服従するだけでない障害者の主体（化）を追究してきた．そこで依拠したのが，フーコーの主体（化）論である．上田を引用したように「真の個人」になることが「主体化」であり，同時にそれは権力や社会の抑圧のなかで生じる服従化を意味する．また，この服従による主体化のために必要とされたのが告白である．告白は「真理の産出」のための技術として「個人の

形成という社会的手続きの核心」に据えられたのである (Foucault 1976＝1986：76).
フーコーによるならば，告白によって産み出されたのは「人間の «assujettisse-
ment»（服従＝主体 - 化）に他ならなかった」(ibid.：79).「隷属化」と訳される
assujettissement について，慎改康之は「個人を，自己のアイデンティティに隷
属する主体 sujet であると同時に他者に隷属する臣下 sujet でもあるようなもの
として構成するメカニズムのことだ」と説明する (慎改：5)[2]．告白は相手がいな
ければ成立せず，その相手とは「告白を要請し，強要し，評価すると同時に，
裁き，罰し……和解させるために介入してくる裁決機関」であると言われる
(ibid.：80).告白を要請・強要されるということは，相手に従うことを意味する．
つまり，個人になる「主体化する」ためには，他者への服従が必要なのである．
この「他者」は，何も人に限っているわけではない．個人になるために必要で
あれば，時に権力や社会構造に従うこともあるだろう．ゆえに主体化とは，ま
ずは服従化を意味しているのである．

　その一方で，フーコーは服従化とは異なる主体化の方法があるとも考えてい
たようだ．慎改の言葉では「主体をその真理に縛りつける」と表されるが (慎
改：7)，自己についての真理を話す告白による隷属化から「自己を解読し自己
の真理を明るみに出そうと努める subjectivation（主体化）」へということであ
る (慎改：7).服従化とは別の仕方の主体化，すなわち真理に到達する手段とし
て，フーコーが取り上げたのが「自己への配慮」であった．フーコーは「自己
への配慮」の契機を三つの時代に見出したが，本書で最も重要視したのはヘレ
ニズム，ローマ時代のそれであった．フーコーおよびグロの言葉に依拠すると，
自己への配慮は生涯続くのであり，それは己が生きる理由や根拠にたどり着く
ために必要とされたものである．グロが述べたように，フーコーにとっての真
理とは己が生きる理由や根拠を指す．また自己への配慮を簡略化して言えば，
己で己を変え，変容させて，新たな自己になることである．すなわち，真理に
到達するためには現状に安住せず，生涯をかけて新しい自分になることが要求
されるのである．さらに言えば，真理は一つではないことが分かる．己が生き
る理由・根拠がそれなのだから，真理は個々それぞれに異なるものであると言
えるだろう．ゆえに，各々が自らを変化させ，他の誰のものでもない真理にた
どり着くことが求められるのである．循環的な言い方になるが，自己への配慮

が生涯続くと言われる理由もここにある．さらには「自己への配慮は……私た
ちが正しく行動するように仕向けるもの，行為の真の主体として構成させてく
れるようなものである」(Gros 2001＝2004：600)．真の主体を自らの真理にたどり着
いた者であると解釈すれば，自己への配慮を行う主体は他者に追従するそれで
はない．したがって，自己への配慮は反服従の主体化の方法であると言えるの
である．

　パレーシアについても，フーコーがより重視したのはソクラテス的なそれで
あると，筆者は捉えた．ソクラテス的パレーシア，換言すれば倫理的パレーシ
アだが，ここについては後ほど戻るとして，先にキュニコス派について振り返
ろう．

　フーコーによるならば，キュニコス派の人々は常に「〈真なることを語る〉
人」であり(Foucault 2009＝2012：208)「真なることを語る」生を生きた．この「真の
生」には何も隠さない生，非依存的な生，まっすぐな生，主権的な生という四
つの側面があり，キュニコス派はこれらを各々反転させ，スキャンダラスな生
を生きたとされる．そして「慎みを欠いた，恥知らずの生」，「悪評に立ち向か
う不名誉な生」，「動物の生」，「戦闘的な生」という別の生を出現させたのであ
る．キュニコス派が別の生を出現させた目的とは何か．それは「現状の世界と
は異なる別の世界の到来を可能にする」ためである．恥知らずで不名誉かつ非
人間的で，人に噛みつくようなキュニコス派の生き方は，一般的な人々には受
け入れがたいものである．しかしながら，その受け入れがたさをもって闘うこ
とによって「万人の生を変容させ」(上田 2019：141)，また，世界を一気に変えよ
うするのである．別の生の戦闘によって現れた「別の世界」は，これまでの世
界とは違うのだから「万人を服従させることのない」世界だと言えるだろう
(同書)．「真理は，他界および別の生の形式においてしかありえない」は，フー
コーが直接語ることはなかった言葉である．だが，ここには，自己への配慮や
真理という言葉で表そうとしていた内容が現れているとも読める．すなわち，
個々人が生きる根拠や理由は今の世界を変えた別の世界にしかなく，それを出
現させるために自らを変容させ，闘う新たな主体になる必要があるということ
だ．そのための自己への配慮であり，またパレーシアなのであろう．

　フーコーが特にソクラテス的パレーシアに重きを置いた理由は，それが「倫

理的パレーシア」であり「生および生の様式」を語るものだからだ（Foucault 2009
=2012：187-188）．また，フーコーは生の領域が美（学）を含めた芸術のそれにあ
ると示唆していた．倫理的パレーシアに生存の領域を見出したフーコーにとっ
て，〈真なることを語ること〉は美しいものだったと考えられる．「美学」が何
を示すのか明確にはされなかったが，人間の生（生存）をもとより美しいもの
と捉えていたと読めるように，生の様式と美（学）は不可分だったのである．

　本書は，感動ポルノやパラリンピックにおける健常者規範の内側で，換言す
れば健常者にとって都合よく表象される障害者が，そうであるからこそいかに
「真なることを語る」生を生きているかという点を追究した．それが（健常者
の）規範や権力に服従しながらも服従することのない障害者の主体化であるか
らだ．そして，これを筆者は，倫理的パレーシアかつ美的な生として受け止め
たのである．服従する主体だけでなく闘いの生という別の生へ変化する主体，
あるいはそのような主体化がフーコーの議論を貫いていたと，筆者は考えてい
る．第2章でやや詳細にその議論を概観したのは，ヤング，「青い芝の会」，
「ドッグレッグス」そしてピアーズが，それぞれ服従する主体でありながらそ
れだけではない，闘いの別の生であることを示すための準備であった．たとえ
ば，ヤングは「感動ポルノ」の名づけ親であり，その構造を一般に理解可能な
程度まで解きほぐし批判することで「人々に……考えを一気に変えさせること
を目指」したと言えるだろう．「青い芝の会」と「ドッグレッグス」は，程度
に違いはあるが，障害者であることを引き受け，さらにそれを先鋭化し「行動
綱領」ならびに障害者プロレスを用いて，「障害者」を健常者中心の社会に突
きつけた．どちらも，多くの健常者が抱いていたであろう，それへの既成概念
を否定し，社会を変えようとした別の生である．また，ピアーズはパラリン
ピック選手自身が「パラリンピック選手」ではない物語，別の言い方をするな
らば，感動的でない物語を現すことが必要だと主張する．それによって「パラ
リンピック選手」とは別の，個々別々の匿名化されない生を生きることが可能
になる．そのような「真なることを語る」生こそが別の生であり，「美しい生
存」なのである（ibid.：204）．

　前段落で要約的に述べてしまっているが，第3章から第6章はフーコーが論
じた服従化＝主体化，服従することのない主体化という二つの展開の具体的な

形を示したものである．そこで，まずは，服従する主体としての障害者の姿を浮き彫りにするところから始めた．それと不可分の関係にあるのが，感動ポルノである．くり返しになるが，感動ポルノ批判の先駆者とも呼べるヤング最大の功績は「インスピレーション・ポルノ」という言葉を定着させ，その問題点を示したことだろう．手のない少女がペンを口にくわえて絵を描く姿を，ヤングが「あえて『ポルノ』と言っている理由は，ある特定の人たちをモノ扱いし，他者が得をするようになって」おり，「障害者（disabled people）を健常者（nondisabled people）のために利用している」からである (Yong 2014)．健常者がこの少女を見て「自分の人生は最悪だけど，下には下がいる．彼らよりはマシだと」感じることが問題なのである (Yong 2014)．そのように感じる健常者の心奥では，意識的か否かにかかわらず健常者規範が当然視されており，それに叛く者は異質の存在なのである．そして自らの理解可能性を超えた少女の姿に，健常者は，対照的に己の正常性を見出し安心した上で，感動するのである．

　同じく，感動ポルノ批判を展開したグルーはヤングの主張に理解を示した上で，障害者の並外れた行為と普通の行為（ヤングの言葉で言うならば「起床して自分の名前を覚えていれば称賛を受ける」）との区別が必要だと言う．前者は純粋なファンタジー，後者は一種のカタルシスという別種のファンタジーだからである (Grue 2016 : 841)．加えて，障害者の卓越した行為の描写における感動ポルノには「障害（impairment）という逆境を克服」するといった表象ファンタジーとしての特性が表れる．グルーによるならば「この様式における感動ポルノは，……印象的な一面を提示し，そのファンタジーを妨げる可能性があるものはすべて覆い隠してしまうのである」(ibid. : 841-842)．それゆえに，たとえば，障害を持った稲原は一人で市役所を訪れてはならないし，代筆の申し出を断ってはいけなかったのである．それは，健常者の正常性と絶対性を揺るがすだけでなく，それらが崩壊する可能性のある行為だからだ．感動ポルノの対象にされる障害者からすれば，市役所の担当者が想像していたであろう「何もできない障害者」は幻想と言うべきファンタジーだが，健常者にとっては「そうあってほしい」という願望を込めたそれなのである．どちらから見てもファンタジーであることは変わらないが，その意味には差異があると言える．筆者はヤングとグルーを支持するが，グルーの主張につけ加えて「感動ポルノ」を次

終　章　障害者の真理　149

のように定義した．すなわち，「感動ポルノとは，障害（ディスアビリティ）を，望ましいが望ましくない特性として表現することであり，通常インペアメント（障害）を，ある人物の生物物理学的な欠損として視覚的または象徴的に明確に示す．その欠損は身体的な卓越性を示すことによって克服することができるし，また克服しなければならないのである．しかしながら，それを示すことができる人間は限られている．それゆえ，身体的な卓越性を示すことそのものがファンタジーなのであり，さらには別のファンタジーが存在するものである」．

　本書では感動ポルノを具現化した，その最たるものとして『24時間テレビ』を取り上げた．そのなかでも「障害のある人のチャレンジ企画」は，究極の感動ポルノである．口にくわえたペンでパラパラ漫画を描く少女にせよ，車椅子ダンスでパフォーマンスをする少年にせよ，どちらも才能と身体的な卓越性を示すことが可能であったがゆえに成立したファンタジーである．加えて，どちらも健常者規範を逸脱した存在であることは明白だが，健常者の優位性を揺るがすそれではない．「障害者は障害者」であるから，二人に対し「障害者であってほしい」と願う健常者（視聴者）のファンタジーは維持される．また，そうであるからこそ「感動」するのである．さらに言えば，そこに登場する彼らは，そのままの姿がテレビに映されることで本人の意志とは無関係に「障害者になる」．健常者から見て「普通でない」ことをもって，障害者として表象されるのである．それは健常者規範に服従する／させられることと同じである．だが，少なくとも『24時間テレビ』の内側では，これらのすべてが健常者に都合のよい「感動」の一言で不可視化される．撮影が行われているあいだ，少女と少年は，健常者が望むような障害者でいなければならない．すなわち彼らは，健常者に服従する形で主体化しているということだ．服従化＝主体化の典型例だが，これも同様に隠蔽されている．『24時間テレビ』は，障害者とされる個々人の意志，健常者規範，健常者の欲望，服従することによる主体化，これらをすべて覆い隠しているのである．

　しかし，筆者が再三再四主張してきたように，障害者は常にすでに服従するだけの主体であるわけではない．障害者である点を引き受けつつ，言い換えれば健常者（規範）に服従しながらも，服従化とは異なる主体化を行うことは一

定程度可能である．新たな主体化には，障害者としてのものと，障害者として
ではないものの二つに分けられると，筆者は考えている．前者に該当する一つ
が「青い芝の会」であろう．「青い芝の会」は，徹底して障害者であることを
全面化した上で，服従化＝主体化と新たな自己主体化の両方を示したのである．

　その「青い芝の会」の存在が広く知られるようになったきっかけの一つは，
1970年5月に発生した障害児殺害事件の減刑嘆願運動に対する抗議だろう．こ
れは，横田が「行動綱領」を書く直接のきっかけになったとも言われている
（荒井 2017：98-99）．健常者の子どもが手にかけられたのならば，世間の同情はほ
ぼ間違いなく子どもに向いただろう．しかしながら，この事件において「かわ
いそう」だと世間が見たのは，加害者である母親の方だった．つまり，殺めら
れた子どもの方は障害を持っていたという理由で「殺されて当然」だと見なさ
れたのである．横田と横塚を筆頭とする「青い芝の会」が問題にしたのは，障
害児（者）に対しては死が絶対的な「正義」になっていること，彼らは「本来
あってはならない存在」だと社会が自明視している点であった．

　だが，社会が障害児（者）を「本来あってはならない存在」だとしている点
は，逆説的に「青い芝の会」にとって重要だった．彼らは，自らがそのように
位置づけられていることを引き受け，健常者に服従する障害者としてのアイデ
ンティティ・ポリティクスを展開したからである．くり返しになるが「青い芝
の会」が障害児殺害を容認するような世間に断固として異を唱えたのは，「障
害者」という主体になるため，そのように主体化されるためであった．ここで
言う主体になるとは，「障害者として存在する」ことを意味する．障害児殺害
がくり返されていた1970年代，健常者が振りかざす「正義」に抵抗するには，
自らの意志で己が「障害者」になり，そう宣言しなければならなかったのであ
る．それは「本来あってはならない存在」として健常者に服従する形であって
も，同時に自らの意志が働く，自律的な主体としての障害者の誕生であった．
筆者は，服従する主体の自律性や意志を保障するものとしてアイデンティ
ティ・ポリティクスを捉え，それを考察した．アイデンティティ・カテゴリー
に対するバトラーの抵抗を考察するなかで，長野は女性や同性愛者というアイ
デンティティの引き受けが「劣位な項としての位置どり」になると論じる（長
野 2003：76）．バトラーによるならば，それは「社会的次元における存在を約束

する」ものである (Butler 1997＝2012). ゆえに, 劣位の項の引き受けはそれに服従する形での主体化であると同時に, 社会的に生きるための戦略でもある.「青い芝の会」も同様に, 障害者という「劣位の項」を引き受けて主体化し, 社会的に生きる道を選択した.「青い芝の会」においては「行動綱領」を見ても明らかなように, 劣位の項の引き受けがある意味, 積極的になされたと言えるだろう. 自らを「本来あってはならない存在」と位置づけ, その存在を強烈な仕方で訴えることで「いなかったことにする暴力」(藤高 2017：71) および, 健常至上主義の社会に激しく抗議したのである.

「行動綱領」の各々はくり返さないが「愛と正義を否定」し「問題解決の道を選ばない」ことは, 障害者という「劣位の項」の引き受けのなかでも特に重要である. それが, その場限りにおいて健常者とのあいだに生じる権力の容認であり, それへの服従を意味するからだ. 健常者を中心とした秩序の是正を求めず, それらの「外部」を求めることは, ひとまずの劣位のアイデンティティの引き受けと同義である. よって「別の外」の要求は, 既存の秩序から見れば, 権力による服従化＝主体化の一側面として現れることにもなるのである.

また服従化ではない, 新たな自己の主体化を考えると「青い芝の会」は「自らが CP 者であることを自覚」し, 積極的に「脳性マヒ者」へと自己を変容させることを選ぶ. 社会が位置づけた「本来あってはならない存在」ではなく「脳性マヒ者」へと変化することが, 横田らにとっては, 自らの命を燃やす場としての社会に参加するという真理に到達するための自己への配慮なのである. 加えて「脳性マヒ者」は, 言わば健常者の理解可能性を超えた存在であり, 世間の「常識」の外側にいる者であることから, 横塚はそれを解体する可能性を「脳性マヒ者」に見出していたようである. よって「脳性マヒ者」として自己への配慮を行い, 新たな主体となった者は, 健常者（の権力）に服従する主体ではなくなるのである. さらに言えば,「脳性マヒ者」としての生は「本来あってはならない存在」のそれとも, 健常者のそれとも異なる「真の生」であり, 横田らにとっては間違いなく美しい生（存）であっただろう. それとともに, この美しい生（存）はキュニコス派の生, すなわち別の生であった.「行動綱領」やそれを書いた横田の行動は, キュニコス派的な意味においてに限らず, 一般的な意味においても十分にスキャンダラスかつ「慎みを欠いた生」

（生き方）であっただろう．「強烈な己主張を行う」ことで悪評に立ち向かい，「愛と正義の否定」によって，しきたりやタブーを拒絶した．そして「戦闘的な生」として「問題解決の道を選ば」ずに生き「世界を変えようと」したのである．これらすべてをもって，障害者が殺められることのない「別の世界」を目指すために，横田らは別の生を生きたと言えるだろう．ここから，筆者は「青い芝の会」が，1970年代の比較的短い期間において，障害者は服従するだけでなく自律的な主体であることを提示していたと考えるのである．

　要田洋江によるならば，「青い芝の会」は「障害のある自分たちであればこそ，表現できることがあるという障害文化の創造を目ざしていた」（要田 2013：8）．だが，倉本は「脳性マヒ者の思考」を基にした新たな世界の創造を目指した「青い芝の会」の試みは成功しなかったと述べる．新たな障害文化の具体的な拠りどころを見つけられず，本来の新しい文化の創出という目的よりも，健常者への抵抗そのものを優先させてしまったからである（倉本 1999：228）．そこで「青い芝の会」とは別の仕方で「別の生」を生きようとした「ドッグレッグス」が登場する．具体的に言うならば「プロレスという『不適切』な文脈に障害者をあえておくことで，異化効果をひき出し，隠蔽され，不可視化されたその現実を白日のもとにさらそうとした」のが「ドッグレッグス」だったのである（同書：245）．

　「ドッグレッグス」は「青い芝の会」が達成できなかった，自らの身体に割り当てられた否定的な意味の転換に挑んだ．「ドッグレッグス」は，健常者も多い観客の目の前で自らを「見世物」にするプロレスを繰り広げ，健常者が抱いている障害者に対する嫌悪や差別意識を彼ら自身に自覚させた．それにとどまらず「ドッグレッグス」に所属する障害者自身にも「内なる健全者幻想」換言すれば，健常者への羨望があることを認めさせた．「健常者に近づきたい」という思いを抱えるメンバーもいるなかで，あえて健常者との差異をより先鋭化する形で可視化し「健常者と障害者は違う」ことを明示した．それが「障害者も健常者も同じ人間」という聞こえのいい言葉で誤魔化されている，差別や不利益が生じる現実を障害者と健常者の双方に突きつけ障害者レスラーとして別の生を生きた，「ドッグレッグス」のやり方だった．

　「プロレスはスポーツではなく見世物」だが（岡 2012：270），障害者はプロレス

に加わるはるか以前から，時にフリークと同類と見なされ，国の内外を問わず見世物になってきた．国内では禁じられた時期もあるが，江戸から昭和にかけての少なくとも300年あまりのあいだ，理由は変われど，障害者は見世物であった．また，不具者とフリークを兼ねた存在であった障害者は，フリークショーに出演する／させられることで，観客の「自分とは異なる不自然な身体を見つめたい」という好奇心を満たした．むろん，観客は自己の窃視的な好奇心を満たすだけでなく，それによって自らが当然視する正常性の揺らぎという事態に直面する．つまり，障害者は健常者にとって「自己と他者を隔てる境界の最も基本的なカテゴリーを危うくする」存在でもあると言うことができる (Grosz 1996：57)．さらにつけ加えると，フリークショーの台頭が19世紀，20世紀にフリークの身体が医学の領域に入ったという説を踏襲したとしても，身体そのものに対する医学の対象化は18世紀にすでになされていた．同時に身体の正常と異常が識別され，障害者のそれは当然のように異常と見なされて，医師の観察対象になった．すなわち，フリークとして観衆の目にさらされるより早く，障害者（の身体）は他者から一方的に「見られる」対象だったのである．

　「見られる」対象だった障害者（の身体）を「見せる」方へも，能動的に転じたのが「ドッグレッグス」だ．障害者との関わりが限られ「思考停止になっている健常者に……理解し難い衝撃を与える」ことが，「ドッグレッグス」を立ち上げた北島の目的の一つだった (北島 [1997] 2018：48)．障害者同士が文字通りのプロレスを繰り広げる様子は，健常者の観客の理解可能性を超えたものであり，「障害者が一生懸命に頑張っている姿に感動したと涙する」といった「単純な答え」を許されない観客にとって，それは己が知る／想像する障害者の姿とはかけ離れている．それゆえに，面白いと割り切ることができず「後味の悪い面白さ」が残るのである (同書：56)．この「後味の悪い面白さ」言い換えれば，ある種の後ろめたさは，健常者が安易に障害者を感動の対象にしていることも一因である．試合に足を運んだ健常者の観客は，いつものように「感動する」どころか，障害者の「見てはいけない」姿を「見せつけられた」からこそ，言いようのない思いが胸に去来するのである．興行を重ねるごとに観客は増えたが「感動ポルノ」そのままの感想が多いことと，障害者レスラーに想いが伝わらないことで，北島は苛立ちと憎しみに似たもどかしさを募らせた．それらが，

北島に「絶対に観客に受け入れられないような」障害者対健常者の試合を思い
つかせたのである（同書：110）．障害者が健常者にいたぶられているところを観
客に見せ，観客自身に，障害者に対する日常の自己の態度に気づかせることが，
北島の目的だった．初の障害者対健常者の試合は，北島の思惑が外れ障害者レ
スラーの勝利となった．しかし，のちの試合では北島自身がリングに上がり，
勝利を収めている．この試合に負けた障害者レスラーの矢野は，それでも北島
に「なんか，いいかんじが，した」と告げる（同書：134）．筆者は，この時によ
うやく「健常者と障害者は違う」ことを伝えたかった北島の思いが矢野に伝わ
り，また矢野自身も健常者とは異なる，障害者としての自己を受け入れたと考
えたのである．

　しかし「青い芝の会」とは異なり，所属するレスラー全員が自ら障害者であ
ると主張しているわけではない「ドッグレッグス」のメンバーのなかには，リ
ングの内外における周囲からの評価の違いに苦悩する者もいた．矢野はその一
人だが，そうであるからこそ「ドッグレッグス」でヒーローになろうとした．
日常生活では嘲笑される「なにをやっても，だめなおとこ」でも，リングの上
では「どんなぴんちでも，あきらめないで，たちあがる，つよいおとこ……」，
サンボ慎太郎になれるのである（同書：167）．矢野は「周囲に認められる強い男」
になるという自らの真理に到達すべく心身のトレーニングを積み，サンボ慎太
郎へと自己変容する．サンボ慎太郎になることは，同時に「健常者と障害者は
違う」という事実の受け入れを意味する．健常者への憧れを抱いていた矢野に
とって，これはパレーシアそのものだ．だが「周囲に認められる強い男」にな
るためには，自己への配慮とパレーシアという真理の勇気が必要なのである
（Foucault 2009＝2012：105）．パレーシアは「万難を排して自己自身に関する真理を表
明し，自己をあるがままに示す勇気」と言われる点からも（ibid.：427），「周囲に
認められる強い男」には，ある種の勇気が要求されることが分かるのである．
同じパレーシアの観点から言えば，北島の言葉もまた，そうであった．北島は
「障害者の立場に立てないとわかっ」た上で，「必死になってその気持ちを理解
しようと」するがために，矢野に向かって「オレは障害者と健常者は違うと
思っている」と言明した（北島［1997］2018：108-109）．矢野にしてみれば，これほど
耳の痛い言葉はなかったかもしれない．だが，北島は「相手に不愉快な思いを

させたり，……相手を怒らせたり，……するリスクを開き」それでも矢野に事実を告げた（Foucault 2009＝2012：16）．この事実は真理以外の何物でもない．ゆえに，北島は相手との関係を壊すかもしれないリスクを冒した，勇気あるパレーシアステースだと，本稿では論じたのである．

　別の生へと転じて見れば「ドッグレッグス」という団体そのものが「慎みを欠いた，恥知らずの生」である．格闘技には適さないと思われるような「異常」な身体の持ち主である障害者が繰り広げる闘いは，「常識」に照らし合わせると「グロテスクかつ滑稽であ」り（倉本 1999：230），十分に「慎みを欠いた」生き方である．さらに踏み込むならば，障害者とプロレスを結びつけたこと自体が「恥知らず」だと「常識」は言うだろう．そもそも，北島がプロレス団体の前身であるボランティア団体としての「ドッグレッグス」を立ち上げたのは，閉鎖的で障害者が何をしても拍手を贈るような，内向きの空間に辟易していたからだ．障害者が「清く，正しく，美しく生きてい」るというのは幻想であり（北島［1997］2018：23），すでに矢野との付き合いがあった北島にしてみれば，これは「悪評」であった．また「ドッグレッグス」の観戦客が抱く安易な感動を拒んだことからも，北島が立ち向かったのは感動ポルノという名の「悪評」だったと言える．さらに，あらゆるタブーとしきたりを拒絶したキュニコス派のように「異常」な障害者の身体を多くの健常者の前にさらし，（試合によって）健常者が障害者を肉体的に傷つけるということをやってのけた．そして，のちには試合における健常者の禁じ手ルールを導入し，多くの事柄で健常者優先になっている，この世界を変えようとした．根本的に，障害者プロレスそのものが健常者の「常識」を覆し，開かれた場において世界を変えようとする試みである．以上のようなことをもって「ドッグレッグス」のメンバーは，複数の点でキュニコス主義的な生き方を選び，現在とは別の世界をもたらすべく別の生を展開したと，筆者は主張したのである．

　自ら「差異派」と名乗ることはなかったが，そこに分類される「ドッグレッグス」もオルタナティブな価値の創造という課題の解消はできなかった．そこに取り組んだのは劇団態変だと言われるが（倉本 1999：246），本書の主目的は差異派の考察・分析ではない．そこで，態変に関しては先行研究（たとえば，金 1998；宮本 2015）に任せ，本書で最後に論じたのは，パラリンピック選手におけ

る新たな主体化と別の生の可能性であった．特にピアーズのそれらに，筆者は「青い芝の会」とも「ドッグレッグス」とも異なるものを見出したのである．

　ピアーズは元パラリンピック選手として，こう言って構わなければ，内側からパラリンピックを批判した人物である．ピアーズ (2009) は，その歴史の描かれ方を検討することから始めるに際し，二つの文献を選択した．それらの表紙に用いられた選手の写真だけを見ても，パラリンピックにおける選手の存在の軽視や受動性が分かるというのが，ピアーズの主張であった．俗な言い方かもしれないが，パラリンピックは障害者アスリートが主役だと，一般的に考えられていると言える．しかしピアーズの議論は，実際は必ずしもそうではないことを示唆しているように読めるのである．その理由は，パラリンピックの起源をグットマンに求める通説にあるだろう．1944年および1948年にストーク・マンデヴィルで開催された競技会をその起源とし，グットマンを「パラリンピックの父」と称賛することは「不具者」を含めたあらゆる障害者を一括りに悲劇の救済の対象と見なすのと同じであり，また「専門家」の権威を前面化する役割を果たすのである．むろん，グットマンの功績をすべて否定するわけではない．だが，筆者はピアーズのグットマン批判を肯定した上で，現在のパラリンピックは，ナチス体制下のライヒ身体障害者同盟のスポーツ事業の系譜上にあると主張した．実際は，パラリンピック・ムーブメントが自らの目的のために障害者（アスリート）を必要とするがゆえに，グットマン起源説が通説になっているのであるが．

　また「パラリンピックを目指す選手にとっては，最も古くから，最も拘束力のある権威の一つ」だとされるクラス分けも (ibid.：660)，グットマンの影響を受けている可能性は否定しきれない．クラス分けや競技のルールは「専門家」が「科学的なエビデンスに基づいて……整備している」と主張する声もある一方 (指宿 2016)，「残念ながら，そのような根拠は存在していない」と言う論者もいる (Tweedy et al. 2014：13)．「科学的な根拠」が指し示すものが不明である以上，より信用に足りるのは後者の主張だろう．加えて，一定の恣意性を排除できないにもかかわらず，それが無いかのように見せかけることにも問題があると，前章で主張した．そのクラス分けに応じて，個々人が「パラリンピック選手」として主体化していくわけだが，ピアーズは「パラ・スポーツにおける主体化

（subjectivation）とは，アスリートたちが自らの身体を障害者のそれとして理解し，自らのクラス分けを管理するようになり，パラリンピアンとして自らを認識し，形成するようになる……複雑なプロセスのことであ」り「それは，もはや，ただ障害者であると宣言されるだけでなく，自らの障害を正直に告白する意志（willing）と能力を持つようになるプロセスである」と説明する (Peers 2012：178)．この説明には自己監視と告白という，服従化＝主体化の本質的要素とも言えるものが示されている．これらにアスリートに必要なトレーニングと，より「障害者らしい」振る舞いが加わることで，ピアーズのパラリンピック選手としての主体化がさらに緻密になるのである．

　しかしながら，パラリンピック選手は「専門家」や健常者に服従するだけの主体ではなく，抵抗する主体でもある．それが表れたのが1992年バルセロナ／1996年アトランタ大会，およびピアーズ自身の主張である．バルセロナ大会におけるボッチャチームのメダルの投げつけという形で表れた抵抗が，専門家の権威の誇示と制裁へとすり替えられたと読んだのがピアーズだった．筆者はそれを理解しつつ，別の解釈を示した．すなわち，ボッチャチームの抵抗に倫理的パレーシアと，キュニコス派の別の生を見出したのである．詳細は半ば意図的に伏せられたため知る手だてがないが，おそらくパラリンピックの関係者の認識として「障害者は従順である」という臆見があり，ボッチャチームの行動は想定外であったはずだ．しかし，臆見は臆見に過ぎない．彼らはメダルを投げるという抵抗によって「真なることを語」り，臆見を覆し障害者の生の形式を問い直したのだと，筆者は読んだ．それが選手らの「生存の美しさ」なのである．また，メダルを投げることで「恥知らずの生」を前面化し，「障害者は従順である」という「悪評に立ち向か」った．さらに「障害者として」望まれている振る舞いや，メダル授与の場のしきたりを拒否した点も，キュニコス派的である．そして，メダルの投げつけを公然と行うことで開かれた戦闘性を示し，健常者だけでなく障害者にも変化が要求されていると示唆した．キュニコス派の戦闘性は万人に向けられているのだから，そこには当然，障害者も含む．現状の世界を変えようとするならば，障害者も変わらなければならないだろう．別の世界のための別の生は双方に必要なのである．アトランタ大会における抗議は実施前に阻まれたが，国際パラリンピック委員会が阻んだのは，それがま

さしく障害者は従順な主体であるわけではないと明示する抵抗だったからだ．つまり，障害者は抵抗する主体であり，自らの意志が働く自律的な主体なのである．それが本書で論じたことであった．

　ピアーズはスピーチや名刺を含め，公の場に出る物の多くが自分を「パラリンピアン」と形容しており，そこから得たものも多いと言う．だが，同時に自身の固有名が匿名化されるという代償を払ったとも語る．それは，ダニエル・ピアーズではなく「パラリンピック選手」である限りグットマンの「救済対象としての障害者」から脱却できず，抵抗する主体になることは叶わないということと同じ意味である．ゆえにピアーズは，グットマンの物語とは別の物語の必要性を訴えたのである．また，ピアーズの主張する抵抗とは，パラリンピック・ムーブメントの制度や構築された歴史の批判にとどまるものではなく「悲劇的な溝（どぶ）の神話」を打ち砕くことであった．それはすなわち，「パラリンピック選手は障害を負うという人生の悲劇的な溝に落ちた状態から，見事にエンパワーメントされて這いあがった人々であるという神話」を破壊するということだ．そのためには自ら栄光を破棄し，パラリンピック選手ではない「自己をあるがままに示す勇気」が求められる．それが自己への配慮であり，他者の哀れみや感動を誘うことのない美しい生存である．健常者の関心を引くことはないかもしれない物語を自らの手で書いたり語ったりするとき，パラリンピック選手は世界を変えようとする別の生を生き，闘いの生になるというのがピアーズの主張だったのである．そこに筆者の意見を一言つけ加えるならば，ピアーズ流の別の生が現れ出たとき，ようやく「感動ポルノ（物語）」が終焉するのであろう．

　以上のようなことを各章で論じてきたが，最後に三点の補足と，本研究で取り上げられなかった課題について述べる．一点目は，インペアメントの実在性に関する補足である．本書はいわゆる構築主義の観点で議論を展開してきた．その観点からは，インペアメントの身体性は所与のものとして，生きる上での条件として引き受けられる，そのようなものとして構築されてきたと言える．しかしながら，インペアメントの物質性は誰にも否定できないし，筆者もするつもりはない．一方で，キュニコス派は「真理の問題を，その物質性における生に対して提起」し，「生きるために本当に必要な……絶対的に必要なものの

終　章　障害者の真理　　159

層として出現させる」(Gros 2009＝2012：442)．したがって，キュニコス派的に言え
ば，インペアメントは「絶対的に持ちこたえるもの」(ibid.) である．こと，障
害者として生きる時には，それは「生存の具体性のなかで絶対的に持ちこたえ
るもの」である (ibid.)．この段階で，インペアメントは，ただ社会的な構築物
であると言うだけでは足りず，実在性が生じるはずである．同時に，「インペ
アメントのある身体（姿）のままで生きることが障害者にとっての真理であ
る」と言えるだろう．

　二点目は，対象の限定性についてである．本書で展開した主体（化）論が当
てはまるのは，限られた身体障害（者）だ．対象の限定性に無自覚であっては
ならないが「精神障害や重度心身障害には，別の議論が必要である」と言えば
よいわけではない．そのような言い方は，身体障害の優位性を主張するような
もので，それこそ価値判断であり，傲慢である．横塚が述べたように「千差万
別の混沌としたものが社会」だ (横塚［1975］2007：90)．そのなかで，精神障害者や
重度心身障害者の存在そのものが，健常者あるいは身体障害者の「正しさ」を
問い直しているとは考えられないか．また「真実を語ることを含意している」
パレーシアにおいては (Foucault 2001＝2004：415)，「『身体』が本質的であり，……命
が賭けに出される」(千葉 2021：479)．そうであるならば，精神障害者や重度心身
障害者は自らの身体を，命を賭けに出して「真実を語」っているのである．ゆ
えに，筆者は「精神障害や重度心身障害には，別の議論が必要である」といっ
た留保の必要性に対して，懐疑的なのである．さらに言えば，精神障害者や重
度心身障害者は，自らの存在をもって常にすでに「正常」を問い直しているこ
とから，「闘いの生」あるいは別の生であると言えるのではないだろうか．

　三点目に，本書が学術的／障害者に資するであろう点について，少しだけ述
べる．インペアメントを持つ者は，それやディスアビリティについて思考する
こと，あるいはそれらに対する何らかの意見の表明を求められることが少なか
らずあろう．むろん，その重要性は簡単には否定できないし，それが自己を形
成する上で必要（不可欠）な場合もあるだろう．しかし，である．それらの思
考や意見を要求されるのは，圧倒的にインペアメントをもつ者にだけであるこ
とが多い．「ドッグレッグス」の北島が述べたように，インペアメントを持た
ない者，すなわち健常者にも同様の要求がされることは稀である．筆者は，あ

えて健常者にそのようなことは求めない．むしろ，インペアメントやディスア
ビリティに関する思考や意見の要求が，インペアメントをもつ者にだけなされ
るという事態が導く結果，ないしは構造を問いたいのである．換言するならば，
そのような態度が健常至上主義（ableism），あるいは，健常／障害の二項対立
を強化しているのではないかということだ．それゆえに，筆者は一貫して，健
常（者）規範の再考を求めるのである．したがって，くり返しになるが，本書
が学術的／障害者に資するであろう点は，障害者は自らをもって健常（者）規
範の再考を迫る存在であると示したことだと考えている．

　一方，残された大きな課題が，少なくとも二つある．一つは，クリップ・セ
オリー（Crip Theory）とディスアビリティが交錯し類似した批判的側面を有
するとされるにもかかわらず (sandahl 2003；McRuer 2006)，議論できなかったことだ．
ロバート・マクルーアは，クィアとディスアビリティを交差させ「正常性」
（normalcy）を問う議論を展開しており，本研究にも生かせる点が多い．本研
究も健常者が自明視する正常性に疑問を投げかけるものではあるが，主題は障
害者の自律的な主体（化）を検討することに置いた．前者はさまざまな角度か
ら議論され一定程度の蓄積があると考えてよいだろうが，後者に光が当たるこ
とは，本書を含めても少ないと言える．それは障害者の主体化は服従化によっ
てなされるのみであると，それが「正常」だと考えられてきたことの裏返しで
はないだろうか．そうであるとするならば，本書もまた正常性を問うという問
題意識を，マクルーアと共有しているとも言える．しかしながら，いずれにし
てもキャリー・サンダールやマクルーアの議論を置き去りにしてはならないこ
とは事実である．

　もう一つの課題はパラリンピックを取り上げたにもかかわらず，義肢装具の
使用によるサイボーグ化（問題）については，先行研究を挙げるにとどまった
点である．両下肢を切断した上で，オリンピックとパラリンピックの両方に出
場したオスカー・レオナルド・カール・ピストリウスはあまりにも有名だが，
ピストリウスは「『スーパー・クリップ』（"supercrip"）という非人間的な能力
主義的理想を具体化するものである」とも言われる (Liddiard 2014：96)．ピストリ
ウスの義足の性能が高すぎると問題になったが，それは健常者（オリンピッ
ク）の標準記録をクリアしたからである．義足のほかの論点は措くとして，や

はりこれも正常性の問題を含むものである．健常者の記録を塗り替えなければ，義足は問題にはされないのだが（美馬 2020），それを超えると「非人間的」だとされる．障害者（義足使用者）が健常者を超えるのは「異常」なのである．障害者は「障害者らしく」いなければならない．それが正常だからだ．問題のない範囲，すなわち健常者に勝らない程度における義足の使用は，むしろ「感動」を呼ぶこともあり得るため，本書では問題であっても一般的には支障はない．ゆえに，正常性だけでなく感動ポルノにも関わる論点だが，本書では「スーパー・クリップ」まで扱うことはできなかった．したがって，これら二点は，明らかな今後の課題である．

注
1　言うまでもないかもしれないが，*The Politics of Disablement*（1990）の邦訳の副題には「イギリス障害学の原点」とつけられている．この点を考慮すると，オリバーのみを英国障害学の原点とすることは厳密には誤りであろうが，一概に的外れとも言えないだろう．
2　筆者は PDF 版の論考を参照したが，これは『現代思想』31(16)のフーコー特集（2003）に「掲載されたテクストとは，多少異なる部分があ」ると，冒頭に断り書きがされている．なお，PDF 版には執筆年の記載がない．2003年12月号の『現代思想』に論考が掲載されていることから，執筆も同年と推測できるが，確認できないため，執筆年は無記載とする．
3　クリップ・セオリーの代表格と目されることの多いマクルーアだが，自身の「クリップ・セオリー」にはサンダールの議論が基にあり，それを発展させたものだと言う（McRuer 2006：34）．

あとがき

　本書は，2024年5月に立命館大学大学院先端総合学術研究科に受理された博士論文「パレーシアステースとしての障害者——服従するだけではない主体（化）の追求のために」を改題し，加筆したものである．まずは，入学時から長く指導して頂いた小泉義之先生に心から感謝申し上げます．入学から論文提出までの時間をかけ過ぎたため，「いつになったら博論を提出するのだろうか」と，私を心配して下さっている（心配をかけている）ことを何度か耳にしていた．筆者の執筆を待つことに徹しながらも，それが行き詰った際の迅速かつ丁寧な先生のご指導がなければ，論文提出は成らなかった．論文審査にあたっては，小泉先生のほかに美馬達哉先生，後藤基行先生，そして堀正嗣先生（熊本学園大学社会福祉学部）から厳しくも温かいご指摘やコメントを頂戴した．さらに，松原洋子先生は，時に筆者の研究が「前進ではなく後退している」と，愛を持って的確に指摘して下さった．重ねてお礼申し上げます．

　公聴会で先生方に頂いたご指摘とコメントの通り，博論および本書では「障害者の自律」を探りながらも，それと深く関わる経済的自立（を支える制度）や，障害者運動については触れていない．筆者の力不足が理由であるが，意図的に外した意志もある．ここではあくまでも障害者の主体論，あるいは障害者の生き方（生き様）論，そして，こう言ってよければ倫理として描きたかったし描いたのである（この点を擁護して下さった千葉雅也先生——先生は公聴会にzoomでの参加だったので，直接お目にはかかれなかったが——にもお礼申し上げます）．

　「障害者は，憐れだと思われるか，超人として称えられるかのどちらかに終始する」受動的な存在であるだけではないことを，障害者の生き様を示すことにこだわったのは，これまでの個人的な経験があるからだろう．ここからしば

らくは研究者としてではない，一個人の非-感動的な物語に紙幅を割こう．それは同時にフーコーに傾倒し，"Foucault Lover"の異名を取った（？）研究者としての筆者とつながる物語でもある．少々，長くなることを最初に断っておく．

　本書の序論で述べたように，筆者は脳性麻痺を理由とする車椅子ユーザーである．言い換えれば，記憶がある頃にはすでに先天的なインペアメントを持つ身体であったわけで，それが当然だった．また，自分の身体がおかしいとは思わない．ゆえに，横塚が主張した「内なる健全者幻想」を抱くこともなく，自らの状態を「悲しんだり嘆いたりせず，一連の適応段階を通過することもない多くの障害者」の一人であり (Oliver and Sapey [1983] 1999：16)，むしろ障害者だとも思っていなかった（現在も，己の感覚としては障害者だと思っていない）．端的に言えば「歩こうと思えば歩けるし，車椅子ユーザーでもある」ということや，自らの状態をすべて普通だと思っていた．健常者への憧れなど，一切抱いていないのである．

　そんな筆者が「障害者は，憐れだと思われるか，超人として称えられるかのどちらかに終始する」ということを最初に実感したのは，16歳である．もちろん，高校生だった当時の筆者に，今の自分が持っている知識は一つもない．ただ自らの状態を「悲しんだり嘆いたりせず」，「内なる健全者幻想」を抱いていないこと（＝普通のこと）に対して"頑張っている"と事あるごとに，いや，何もなくとも称えられ続けた3年間だった（そのなか，ごく僅かな理解者がいてくれたことに，今でも感謝している）．この時，筆者が抱いていた「普通」は，見事に崩壊したのである．そして「なぜ，私の普通が周囲に通じないのか」と，怒り嘆くことしかできなかった3年間．小泉先生が読み取って下さった，博論および本書に通底するのであろう筆者の「何か，静かな怒り」や「緊張感」の原点は，間違いなくここにある．加えて，感動ポルノに対する，ほとんど生理的とも言うべき嫌悪も，この時に生じていたのだろう．

　大学進学とともに「意味の分からない称賛」は姿を消した．しかし（社会福祉学専攻だったがために），今度は「障害者としての自己」を求められるようになる．社会福祉はその性質上，学問・制度ともに障害者（の存在）を前提にして成り立っている．また言い換えれば，学問の種別を問わず，一般に「障害

者」というカテゴリーそのものが，ある種自動的に「服従するもの」として構成されていることは，間違いないのである．それは，障害者の支援を考える社会福祉（学）の観点から言えば，ある意味で当然であり，必要なことでもある．だが，進路を決める18歳の筆者は，それらのことを何も知らなかった．あくまで筆者の疑問は，今の言葉で言う構築主義的視点からの「障害（者）とは何か」だった（もっと素朴な高校生の感覚で言えば『普通のこと』を"頑張っている"と言われるのは，なぜか」）．それが社会福祉を学ぶことで，解きほぐされると思っていた．それを期待したのが根本的な過ちだったのだが，当時はまだフーコーの「フ」の字も知らず，哲学に何の興味も持っていない若者だった．もし，その疑問を解くための手がかりは，社会福祉学ではなく現代思想（哲学）にあると知っていれば，後者を学ぶ選択をしただろう（「知らない」ということは，実に恐ろしい）．とにもかくにも，称賛の次に現れたのが，障害者としての自己の確立要求である．称賛され続けることは苦痛だったが，こちらも同様だ．自分自身を，健常者とも障害者とも思っていない（筆者自身は，後者のカテゴリーに属する存在だと見なされる点を了承しているが，それとは別の問題である）人間に「障害者としての自己を確立せよ」と言われても，困惑するだけである（これが博論および本書で，障害者運動に触れなかった理由の一つのである．「青い芝の会」の関係者の怒りを買うかもしれないが）．仕方がないので，そう要求してきた障害者福祉論の担当者に「自分自身を健常者とも障害者とも思っていないので，そう言われても困る」と正直に返答したのだが，相手を立腹させるだけだった．相手からすれば，明らかに「障害者」である筆者が，己を障害者だと同定し，そのようなアイデンティティを持ち，自分の障害について一定の考えを持っていることが当然であったようだ．その後，何度となく同じ相手に同じことを要求され，その度に同じ返事をくり返した．すなわち，その相手の考えとは永遠に平行線を辿ったのである．

　そのうちに「どうやら，私は健常者からも『正しい』障害者からも，外れる存在であるらしい」ということが分かってきた．そのきっかけとなったのが，筆者が進学した大学の国際文化学部（名称は当時のもの）で開講されていた政治思想の講義だった（当時，社会学部の学生だった筆者にそれを受講する資格はないし，単位の取得もできない．いわゆる潜りである）．この講義を担当し

ていたのが，のちに修士課程で指導を仰ぐことになる恩師である．また，この講義を通して，筆者はフーコーと出会った．講義の中心は『性の歴史Ⅰ　知への意志』の解説だったような気がするが『狂気の歴史』や『監獄の誕生』の存在を知ったのも，ここだった．何はともあれ，ここで筆者は“生-権力”の概念を知ることとなったのである．もちろん，フーコーの主題は性〈sexualité〉であって，障害（者）ではない．だが，それまで筆者が抱えてきた鬱屈した「通じない苛立ち」を言葉にし，その構造（理由）を説明してくれていたのがフーコーだったのである．二つの形態で現れる生-権力の一つは，身体を矯正・管理する規律（訓練）権力である．こちらを障害に援用した場合，障害者の（「異常な」）身体を，健常者の（「正常な」）それに近づけようとする権力として批判的に論じられることが多い．もう一つは誕生，健康，死亡率など，種として人間の身体を捉え，人口を管理する権力である．こちらは健康と正常を組み合わせ，それに，障害と異常とを対置するものと言えるだろう．筆者は，生-権力を知ることよって障害者（の身体）は異常だと捉えられ，それが有形無形を問わず一定程度，社会に浸透していることに気がついたのである．そして，異常な身体を正常に近づけることが「正しい」のだから健常者への憧れ，すなわち「内なる健全者幻想」も，ある意味では「正しい」と言える．つまり，自己の身体を異常だと捉えず，健常者への憧れもなく，自らを普通だと思っている／考えている筆者の方が，健常者の側から見れば——生-権力が浸透した社会では——「異常」なのである．それが分かったとき，16歳で初めて抱き，その後も消えることのなかった強烈な違和感の正体が，はっきりと姿を現したのである．

　「障害者としての自己を確立せよ」という要求も全く同じではないだろうが，生-権力に由来すると考えることが可能である．健常者が絶対的に正しい（正常な）のだから，「正しい障害者」ではない，換言すれば「障害者らしくない」筆者は，健常者の絶対性を揺るがす存在なのかもしれない．本書の第3章で論じたように「障害者は障害者」であり，自分とは違うと信じる（思い込む？）からこそ，健常者は安心するのである．そうであるならば「障害者としての自己を確立せよ」という要求は筆者のためではなく，実はそれを求めてきた健常者のためのものということになる．健常者が健常者としての自己の存在を，そ

のアイデンティティを，守り維持するために，対極としての「正しい障害者」を必要とするのではないか．筆者なりのこの答えが正しいか否かはさておき，このように考え至ったとき（生-）権力の怖さを感じると同時に，何か腑に落ちたような気がした．言うまでもなく，言語化できず伝わらない鬱屈した筆者の苛立ちが生-権力に起因すると分かったところで，「意味の分からない称賛」や「正しい障害者であれ」という要求が無くなるわけではない．さらに言えば，健常者のアイデンティティや優位性を保証するために，障害者が存在するわけでもない．その意味では，何の解決もしていない．むしろ，今度は「正常とは何か」という問いが生じるわけである．

　しかし，それでも筆者はフーコーに「救われた」と心の底から思った．16歳-18歳までの嘆きと怒りは，少なくとも筆者が抱く感情としては，当然のものだったのである．障害と性 (sexualité) は同じではないが，筆者の苛立ちや怒りの理由を，筆者が生まれるより前に，フーコーは明確に説明してくれていた（筆者が生まれた時には，すでにフーコーは他界している）．異性愛規範と健常（者）規範，この二つの共通点は少なくないだろう．また，フーコー自身は自らの言葉や著作がもたらす影響力について，どの程度自覚的だったのかということは分からない．自分の死後に生まれた，言葉も国も違う障害者（＝筆者）を救うつもりなどなかったかもしれない．しかし，フーコーが筆者を救ってくれたのは，確かなのである．フーコーがいなければ本書の出版はあり得ないし，それどころか，おそらく筆者自身も存在していないだろう．誇張ではなく，筆者はフーコーに命を救ってもらった一人である．

　こうして，"Foucault Lover" の筆者が誕生したのである．これが，筆者が何を書いてもフーコー，フーコーになる理由である．さりとて，博論および本書の理論部分（第2章）に主体論を据えることになるとは，執筆の骨子が定まるまでは思いもよらなかった．特にCDSで援用されている権力論と統治論の多さに，これらを用いて何か新たに論じることは，自己の力を超えると感じていた．だが，主体論を中心にするというのも無謀な挑戦だったと（一旦は書き終えた今でも）思う．己の身の程知らずと言うべきか，「フーコーの主張を誤って解釈しているのではないか」と思いながら執筆していた（その反面，博論の草稿を小泉先生に読んで頂くため「話にならない出来」ならば，その段階で切

り捨ててもらえるだろうという心境でもあった）．自分で自分の書いた内容に驚いているが，その無謀さが CDS における新たな論点の提示になることを願っている．

本書が完成に至るまでには，博論の審査に関わって下さった先生方以外にも，多くの方のお力添えがある．すべての方を漏れなく挙げることはできないが，まずは，修士課程の指導教員であった，現龍谷大学国際学部の清水耕介さん（「先生」と呼んだことがほとんどないため，敬称はいつも通りにしておきます）．学部 1 回生で履修できた一般教養の講義で出会い，修士課程修了までの 7 年間（8 年間？），本当にお世話になりました．清水さんがいなければ筆者がフーコーに出会うことはなかったし，修士課程の放任（教育）のおかげで，博論を執筆する精神的な強さが身についたと思っている．きちんと言葉にしたことはほとんどないが感謝しかないし，間違いなく恩師の一人である．そして，おそらく小泉先生の次に「いつになったら博論を提出するのか」と気にかけながらも，見守ってくれた両親．1 年半の休学を含め，時間をかけ過ぎてしまってごめんなさい．特に博士課程への進学後は折々，自宅から決して近くはない衣笠キャンパスまで，車で迎えに来てくれた母の協力があってこその，本書である．

また，本書の編集担当を一手に引き受けて下さったのは，晃洋書房の井上芳郎さんである．井上さんは『狂気な倫理』(2022) で執筆した拙稿を読んで，筆者の研究や書くものに興味を持って下さった．そして，まだ博論の影も形もない頃から，筆者の単著出版の際の編集担当をお約束頂いていた．その頃から数えると 2 年半越しだが，約束を守ることができて，ほっとしている．本書のタイトルのみならず，元となった博論の表題をつけて下さったのも，実は井上さんである．博論をすべて読んだ上で，論文は書けるが，絶望的にタイトルをつけるセンスがない筆者には考えも及ばない，格好いい案を複数頂き，その一つをそのまま頂戴したのである（先端研の先生方には，今ここで初めて告白することである）．このような編集者と出会えたことは，実に幸運である．

その『狂気な倫理』の執筆者の一人として筆者を誘って下さった，小西真理子さん（大阪大学大学院人文学研究科）と河原梓水さん（福岡女子大学国際文理学部）にも，深く感謝申し上げる．お二人には『狂気な倫理』の拙稿が完成

稿に至るまで，何度もコメントや助言を頂いた．それだけではなく筆者が用いた先行研究の一つを最後まで読み，筆者の誤読を根気強く訂正して下さったのである．ご自分の専門ではない論文をそこまで読み込んで下さるとは，思いもしなかった．『狂気な倫理』を脱稿したのちに，これはいよいよ博論に本腰を入れなければいけないと感じた．おそらくここでの執筆がなければ，博論は書き上がらなかったと思う．『狂気な倫理』の刊行後も筆者がメールをする度に，必ず返信を下さるお二人である．

　冒頭にも書いたが，小泉先生にはどれほど感謝しても足りることはない．先生は今年度をもって完全に大学から退かれるが，その最終年度に博論の提出と本書の出版が間に合って安堵している．先生に直接指導して頂いたなかでは，筆者が最後の博論提出者となった．先生の弟子を名乗るのはおこがましいが，とても嬉しいことでもある．また，大変厚顔ながら，本書の帯文執筆もお引き受け頂いた．先生に引き受けて頂けたことは，本当に光栄である．決して優秀な学生ではなかったが，小泉門下に名を連ねることができて幸せです．

　本書の出版にあたっては，立命館大学2024年度　先端総合学術研究科出版助成制度の採用を受けている．記して感謝する．

　最後に，なかなか直接お会いすることはできないが，3年間のみならず，離れてからもずっと私を支え続けて下さっている，高校時代の（最愛の）恩師がいる．私にとっては，当時も今もあまりにも大きな存在であり，どのような言葉も何かがこぼれ落ちてしまう．私に対する，時に優しすぎるほどの優しさと，まっすぐな心は今も変わらない．私のすべてである．私の想いを伝えられるかどうか分からないが，本書をその方に捧げます．

2025年2月7日

北島加奈子

参考文献リスト

欧文文献

Andrews, David, 2012, "Toward A More Valid Definition of 'Pornography'," *The Journal of Popular Culture*, 45(3): 457-477.

Anderson, Julie, 2003, "'Turned into Taxpayers': Paraplegia, Rehabilitation and Sport at Stoke Mandeville, 1944-56," *Journal of Contemporary History*, 38(3): 461-475.

Araneda-Urrutia, Carlos and Marta Infante, 2020, "Assemblage Theory and Its Potentialities for Dis/ability Research in the Global South," *Scandinavian Journal of Disability Research*, 22(1): 340-350.

Bailey, Steve, 2008, *Athlete First : A history of the Paralympic Movement*, Chichester, UK: John Wiley & Sons.

Barnes, Colin, 2019, "Understanding the Social Model of Disability: Past, Present and Future," Watson, Nick, Alan Roulstone and Carol Thomas eds., *Routledge Handbook of Disability Studies*, 2nd ed., London: Routledge, 14-31.

Bloch, Ernst S., 1962, *Verfremdungen*, Frankfurt am Main: Suhrkamp.（＝1976, 片岡啓治・種村季弘・船戸満之訳『異化』現代新潮社.）

Braye, Stuart, 2016, "'I'm Not an Activist': An Exploratory Investigation Into Retired British Paralympic Athletes' Views on the Relationship Between The Paralympic Games and Disability Equality in the United Kingdom," *Disability & Society*, 31(9): 1288-1300.

Bugaj, Małgorzata, 2019, "'We Understand Each Other, My Friend': The Freak Show and Victorian Medicine in The Elephant Man," *Panoptikum*, 21(28): 81-94.

Butler, Judith, 1990, *Gender Trouble : Feminism and the Subversion of Identity*, New York and London: Routledge.（＝1999, 竹村和子訳『ジェンダー・トラブル──フェミニズムとアイデンティティの攪乱』青土社.）

────, 1997, *The Psychic Life of Power : Theories in Subjection*, Stanford, California: Stanford University Press.（＝2012, 佐藤嘉幸・清水知子訳『権力の心的な生──主体化＝服従化に関する諸理論』月曜社.）

────, 2003, "Violence, Mourning, Politics," *Studies in Gender and Sexuality*, 4(1): 9-37.

────, 2004, *Undoing Gender*, London: Routledge.

Clare, Eli, [1999] 2009, *Exile & Pride : Disability, Queerness, and Liberation*, 2nd ed., Boston: South End Press.

Clark, Frederic L, 1969, *Blinded in War : A Model for the Welfare of all Handicapped People*, Herts: Wayland.

Corker, Mairian, 1999, "Differences, Conflations and Foundations: The Limits to 'Accurate' Theoretical Representation of Disabled People's Experience ?," *Disability & Society*, 14(5): 627-642.

Crow, Liz, 1996 "Including All of Our Lives: Renewing the Social Model of Disability," Colin Barnes and Geof Mercer eds., *Exploring the Divide : Illness and Disability*, Leeds: The Disability Press, 55-72.

Davis, Lennard J, 1997, "Nude Venuses, Medusa's body, and phantom limbs: Disability and visuality," David T. Mitchell and Sharon L. Snyder eds., *The Body and Physical Difference : Discourses of Disability*, Ann Arbor: University of Michigan Press: 51-70.

DePauw, Karen P. 1997, "The（In）visibility of Disability : Cultural Contexts and 'Sporting Bodies'," *Quest*, 49（4）: 416-430.

DePauw, Karen P. and Gavron, S. J., eds., ［1995］2005, *Disability Sport,* 2nd ed., Champaign, IL : Human Kinetics.

Dolezal, Luna, 2017, "Representing Posthuman Embodiment : Considering Disability and the Case of Aimee Mullins," *Women's Studies,* 46（1）: 60-75.

Fiedler, Leslie, 1978, *Freaks : Myths and Images of the Secret Self,* New York : Simon and Schuster.（＝1990, 伊藤俊治・旦敬介・大場正明訳『フリークス——秘められた自己の神話とイメージ』青土社.）

Finkelstein, Vic, 1980, *Attitudes and Disabled People : Issues for Discussion,* New York : World Rehabilitation Fund.

Foucault, Michel, 1972, *«Histoire de la folie à l'âge classique»*, Paris : Gallimard.（＝［1975］2020, 田村俶訳『狂気の歴史——古典主義時代における』新潮社.）

―――, 1976, *«L' Histoire de la sexualité, I, La volonté de savoir»*, Paris : Gallimard.（＝1986, 田村俶訳『性の歴史 I 知への意志』新潮社.）

―――, 1975, *«Surveiller et punir : Naissance de la prison»*, Paris : Gallimard.（＝［1977］2020, 田村俶訳『監獄の誕生——監視と処罰』新潮社.）

―――, 1982, *«Le Sujet et le Pouvoir»*, *Dits et Écrits,* 1954-1988, Edition etablie sous la direction de Daniel Defert et Francois Ewald, éd. Paris : Gallimard.（＝2001, 渥海和久訳「主体と権力」小林康夫・石田英敬・松浦寿輝編『ミシェル・フーコー思考集成 IX 1982-83 自己／統治性／快楽』筑摩書房.）

―――, 1984, *«À propos de la généalogie l'éthique»*, *Dits et Écrits,* 1954-1988, Edition etablie sous la direction de Daniel Defert et Francois Ewald, éd. Paris : Gallimard.（＝2002, 守中高明訳「倫理の系譜学について——進行中の作業の概要」小林康夫・石田英敬・松浦寿輝 編『ミシェル・フーコー思考集成 X 1984-88 倫理／道徳／啓蒙』筑摩書房.）

―――, 1993, "About the Beginning of the Hermeneutics of the Self : Two Lectures at Dartmouth," *Political Theory,* 21（2）: 198-227.

―――, 1999, *«Les anormaux : Cours au Collège de France 1974-1975»*, Paris : Gallimard/Seuil.（＝2002, 慎改康之訳『異常者たち コレージュ・ド・フランス講義 1974-1975年度』筑摩書房.）

―――, 2001, *«L'Herméneutique du Sujet : Cours au Collège de France 1982-1983»*, Paris : Gallimard/Seuil.（＝2004, 廣瀬浩司・原和之訳『主体の解釈学 コレージュ・ド・フランス講義 1982-1983年度』筑摩書房.）

―――, 2009, *«Le Courage de la vérité. Le gouvernement de soi et des autres II. Cours au Collège de France, 1983-1984»*, Paris, Gallimard.（＝2012, 慎改康之訳『真理の勇気 自己と他者の統治 II コレージュ・ド・フランス講義 1983-84年度』筑摩書房.）

―――, 2012, *«Mal faire, dire vrai. Fonction de l'aveu en justice Cours de Louvain, 1981»*, Fabienne Brion et Bernard E. Harcourt éd., Provincie Vlaams-Brabant : Presses universitaires de Louvain.（＝2015, 上尾真道・信友建志・箱田徹訳, ファビエンス・ブリヨン＆ベルナール・E・アルクール編『悪をなし真実を言う ルーヴァン講義 1981』河出書房新社.）

―――, 2018, *«Les aveux de la chair Histoire de la sexualité IV»*, Frédéric Gros éd., Paris : Gallimard.（＝2020, 慎改康之訳 フレデリック・グロ編『性の歴史IV 肉の告白』新潮社.）

Garland Thomson, Rosemarie, [1997] 2017, *Extraordinary Bodies : Figuring Physical Disability in American Culture and Literature*, 20th Anniversary ed., New York: Columbia University Press.

Goffman, Erving, 1963, *Stigma : Notes on the Management of Spoiled Identity*, Harmondsworth: Penguin.（＝2001，石黒毅訳『スティグマの社会学──烙印を押されたアイデンティティ』せりか書房.）

Gordon, Colin ed., 1980, *POWER/KNOWLEDGE : Selected Interviews and Other Writings 1972-1977 Michel Foucault*, New York: Pantheon Books.

Grosz, Elizabeth, 1996, "Intolerable Ambiguity: Freaks as/at the Limit," Rosemarie Garland-Thomson ed., *Freakmaking : Constituting Corporeal and Cultural Others*, New York: New York University Press, 55-65.

Gros, Frédéric, 2001,「講義の位置づけ」*«L'Herméneutique du Sujet : Cours au Collège de France 1982-1983»*, Paris: Gallimard/Seuil.（＝2004，廣瀬浩司・原和之訳『主体の解釈学 コレージュ・ド・フランス講義 1982-1983年度』筑摩書房.）

──── , 2009,「講義の位置づけ」*«Le Courage de la vérité. Le gouvernement de soi et des autres II. Cours au Collège de France, 1983-1984»*, Paris, Gallimard.（＝2012，慎改康之訳『真理の勇気 自己と他者の統治 II コレージュ・ド・フランス講義 1983-84年度』筑摩書房.）

Grue, Jan, 2016, "The Problem with Inspiration Porn: A Tentative Definition and a Provisional Critique," *Disability & Society*, 31(6): 838-849.

Guttmann, Ludwig, 1976, *Textbook of Sport for the Disabled*, Brisbane: University of Queensland Press.

Harrer, Sebastian, 2005, "The Theme of Subjectivity in Foucault's Lecture Series L'Herméneutique du Sujet," *Foucault Studies*, 2: 75-96.

Hirst, Paul and Penny Woolley, 1982, *Social Relations and Human Attributes*, London: Tavistock.

Hughes, Bill, [2005] 2015, "What Can a Foucauldian Analysis Contribute to Disability Theory ?," Shelley Tremain ed., *Foucault and Government of Disability*, 2nd ed., Michigan: University of Michigan Press, 78-92.

Hughes, Bill and Kevin Paterson, 1997, "The Social Model of Disability and the Disappearing Body: Toward a Sociology of Impairment," *Disability & Society*, 12(3): 325-340.

Howe, David P, 2011, "Cyborg and Supercrip: The Paralympics Technology and the (Dis) Empowerment of Disabled Athletes," *Sociology*, 45(5): 868-882.

Howe, David P. and Carla Filomena Silva, 2017, "Challenging 'Normalcy': Possibilities and Pitfalls of Paralympic Bodies," *South African Journal for Research in Sport, Physical Education and Recreation*, 39(1: 2): 191-204.

International Paralympic Committee, 2003, *Spirit in Motion*, Bonn: International Paralympic Committee.

Jackson, Daniel, Caroline E. M. Hodges and Richard Scullion eds., 2014, *Reframing Disability ?: Media, (Dis) Empowerment, and Voice in the 2012 Paralympics*, London: Routledge.

Kafer, Alison, 2013, *Feminist, Queer, Crip*, Indiana: Indiana University Press.

Kuhn, Thomas S, 1962, *The Structure of Scientific Revolutions*, Chicago: University of Chicago Press.

Laërtius, Diogenes, *Vies, doctrines et sentences des philosophes illustres*, livre VI, 69.（＝1989，加来彰俊訳『ギリシア哲学者列伝（中）』岩波書店.）

Liddiard, Kirsty, 2014, "Liking for Like's Sake ── The Commodification of Disability on Facebook," *Journal on Developmental Disabilities*, 20(3): 94-101.

Manning, Nick and Michel Oliver eds., 1985, *Social Problems and Welfare Ideology*, Aldershot: Gower Publishing.

McRuer, Rober, 2006, *Crip Theory: Cultural Signs of Queerness and Disability*, New York: New York University Press.

Morris, Jenny, 1991, *Pride Against Prejudice*, London: Women's Press.

――――, 1992, "Personal and Political: A Feminist Perspective on Researching Physical Disability," *Disability, Handicap & Society*, 7(2): 157-166.

Nixon, Howard L., 1984, "The Creation of Appropriate Integration Opportunities in Sport for Disabled and Nondisabled People: A Guide for Research and Action," *Sociology of Sport Journal*, 1(2): 184-192.

Oliver, Michel, 1990, *The Politics of Disablement*, London: Palgrave Macmillan.

――――, 1996, *Understanding Disability: From Theory to Practice*, Basingstoke: Macmillan.

――――, 2004, "If I Had a Hamer: The Social Model in Action," John Swain, Sally French, Colin Barnes and Carol Thomas eds., *Disabling Barriers, Enabling Environments*, 2nd ed., London: Sage, 7-12.

――――, 2013, "The Social Model of Disability: Thirty Years on," *Disability & Society*, 28(7): 1024-1026.

Oliver, Michel and Bob Sapey, [1983] 1999, *Social Work with Disabled People*, 2nd ed., London: Palgrave Macmillan.

Oliver, Michel and Colin Barnes, 2012, *The New Politics of Disablement*, Basingstoke: Palgrave Macmillan.

Oliver, Michel, Gerry Zarb and Beverly J. Silver eds., 1988, *Walking into Darkness: The Experience of Spinal Cord Injury*, London: Palgrave Macmillan.

Peers, Danielle, 2009, "(Dis) empowering Paralympic histories: absent athletes and disabling discourses," *Disability & Society*, 24(5): 653-665.

――――, 2012, "Interrogating Disability: The (De)composition of a Recovering Paralympian," *Qualitative Research in Sport, Exercise and Health*, 4(2): 175-188.

――――, 2015, "From Inhalation to Inspiration, a Foucauldian Autoethnography," *From Eugenics to Paralympics: Inspirational Disability, Physical Fitness, and the White Canadian Nation*, Doctoral thesis of Chapter 9: 202-225.

Purdue, David and David P. Howe, 2012, "See the Sport, Not the Disability? ―― Exploring the Paralympic Paradox," *Qualitative Research in Sport, Exercise and Health*, 4(2): 1-17.

Roets, Griet and Rosi Braidotti, 2012, "Nomadology and Subjectivity: Deleuze, Guattari and Critical Disability Studies," Dan Goodley, Bill Hughes and Lennard Davis eds., *Disability and Social Theory: New Developments and Directions*, London: Palgrave Macmillan, 161-178.

Sandahl, Carrie, 2003, "Queering the Crip or Cripping the Queer? ―― Intersections of Queer and Crip Identities In Solo Autobiographical Performance," *GLQ: A Journal of Lesbian and Gay Studies*, 9(1-2): 25-56.

Scully, Jackie L, 2008, *Disability Bioethics: Moral Bodies, Moral Difference*, Maryland: Rowman & Littlefield.

Séguillon, Didier, 2002, "The Origins and Consequences of the First World Games for the Deaf: Paris, 1924," *The International Journal of the History of Sport*, 19(1): 119-136.

Shakespeare, Tom, 1992, "A Response to Liz Crow," *Coalition*, September 1992: 40-42.

――――, [2006] 2014, *Disability Right and Wrong Revisited*, 2nd ed., London and New York: Routledge.

Shearer, Ann, 1981, *Disability: Whose Handicap?* Oxford: Blackwell.

Shelton, Summer S. and T. Franklin Waddell, 2021, "Does 'Inspiration Porn' Inspire? How Disability and

Challenge Impact Attitudinal Evaluations of Advertising," *Journal of Current Issues & Research in Advertising*, 42(3): 258-276.

Shildrick, Margrit, 2009, *Dangerous Discourses of Disability, Subjectivity and Sexuality*, London: Palgrave Macmillan.

Siebers, Tobin, 2008, *Disability Theory*, Michigan: University of Michigan Press.

Silver, John R., 2019, "Obituary: Mike Oliver (1945-2019) Emeritus Professor of Disability Studies," *Spinal Cord*, 57: 714.

Silver, Jrussell, 2018, "The Origins of Sport for Disabled People," *Journal of the Royal College of Physicians of Edinburgh*, 48(2): 175-180.

Snyder, Sharon L. and David T. Mitchell, 2000, *Narrative Prosthesis: Disability and the Dependencies of Discourse*, Michigan: University of Michigan Press.

———— 2006, *Cultural Locations of Disability*, Chicago: University of Chicago Press.

Steadward, Robert D. and Cynthia J Peterson, 1997, *Paralympics: Where Heroes Come*, Edmonton, Canada: One Shot Holdings.

Swain, Jon, 1981, *Adopting a Life-Style*, Milton Keynes: Open University Press.

Tremain, Shelley, 2001, "On the Government of Disability," *Social Theory and Practice*, 27(4): 617-636.

————, 2002, "On the Subject of Impairment," Mairian, Corker and Tom Shakespeare eds., *Disability/Postmodernity: Embodying Disability Theory*, London and New York: Continuum, 32-47.

————, 2010, "Biopower, Styles of Reasoning, and What's Still Missing from the Stem Cell Debates," *Hypatia*, 25(3): 577-609.

————, 2015, "This Is What a Historicist and Relativist Feminist Philosophy of Disability Looks Like," *Foucault Studies*, 19: 7-42.

————, 2017, *Foucault and Feminist Philosophy of Disability*, Michigan: University of Michigan Press.

Tweedy, Sean M., Emma M. Beckman and Mark J. Connick, 2014, "Paralympic Classification: Conceptual Basis, Current Methods, and Research Update," *The American Academy of Physical Medicine and Rehabilitation*, 6(8): 11-17.

Washington, Robert and David Karen, 2001, "Sport and Society," *Annual Review of Sociology* 27: 187-212.

Wedgwood, Nikki, 2014, "Hahn Versus Guttmann: Revisiting 'Sports and the Political Movement of Disabled Persons'," *Disability & Society*, 29(1): 129-142.

Weller, Doris J. and Patricia M Miller, 1977, "Emotional Reactions of Patient, Family, and Staff in Acute-Care Period of Spinal Cord Injury: part 2," *Social Work in Health Care*, 3(1): 7-17.

Wilding, Paul, 1982, *Professional Power and Social Welfare*, London: Routledge & Kegan Paul.

Zola, Irving K, 1982, *Missing Pieces: A Chronicle of Living with A Disability*, Philadelphia: Temple University Press. (＝2020, ニキリンコ訳『ミッシング・ピーシズ――アメリカ障害学の原点』生活書院.)

邦文文献

相澤伸侬, 2011, 「フーコーのパレーシア」『東京経済大学 人文自然科学論集』130：55-69.

荒井祐樹, 2012, 「戦後障害者運動史再考――『青い芝の会』の『行動綱領』についてのノート（上）」『福祉労働』135：125-152.

————, 2017, 『差別されてる自覚はあるか――横田弘と青い芝の会『行動綱領』』現代書館.

新垣誠，2000，「ポストコロニアリズムにおけるアイデンティティ・ポリティクスと本質主義批判——ディアスポラ，クレオール，ハイブリディティをめぐって」『国際政治経済学研究』5：35-47.

石川准，1992，『アイデンティティ・ゲーム——存在証明の社会学』新評論.

———，2002，「ディスアビリテイの削減，インペアメントの変換」石川准・倉本智明編『障害学の主張』明石書店，17-46.

井上真紀子，2019，「〈不在〉からの視座，〈不在〉への視座——ディスアビリティ，フェミニズム，クィア」『現代思想』47（3）：289-298.

伊藤俊治，1993，『聖なる肉体』リブロポート.

稲原美苗，2016，「能力・障害のパフォーマティヴィティ——ジュディス・バトラーのジェンダー論から再考するアビリティ」『UTCP Uehiro Booklet』12：29-46.

指宿立・三井利仁・池部純政・田島文博，2016，「パラリンピックスポーツにおけるクラス分けの動向」『日本義肢装具学会誌』32（4）：220-225.

上田和彦，2019，「告白とパレーシア」『思想』1145：125-144.

岡哲郎，2012，「プロレス化する社会の可能性」『大学院紀要』49（社会学・福祉社会）：263-276.

岡崎勝，2018，「オリンピックとパラリンピックを根本から問い直す——スポーツの現実を直視しても，感動しなければいけませんか？」『福祉労働』161：54-61.

岡田芳枝，2016，「チャリティからバラエティへ？『24時間テレビ』は障害者をどう描いてきたか」『Galac＝ぎゃらく』570：22-27.

岡原正幸，［1990］2012，「制度としての愛情——脱家族とは」安積純子・岡原正幸・尾中文哉・立岩真也編『家と施設を出て暮らす障害者の社会学』［第3版］生活書院，119-157.

小倉和夫，2016，「パラリンピックの原点を探って——主に戦争とパラリンピックとの関連について」『パラリンピック研究会紀要』6：1-10.

掛札悠子，1997，「抹消（抹殺）されること」河合隼雄・大庭みな子編『現代日本文化論2 家族と性』岩波書店，147-172.

川越敏司，星加良司，川島聡編，2013，『障害学のリハビリテーション——障害の社会モデルその射程と限界』生活書院.

北島加奈子，2019，「インペアメントがディスアビリティに先行するのか——インペアメントとディスアビリティの個人化をめぐって」『Core Ethics』15：25-34.

———，2020，「『障害者』の主体形成に見るアイデンティティ・ポリティクス」『Core Ethics』16：47-57.

———，2022，「パラリンピック選手の抵抗の可能性と『別の生』」小西真理子・河原梓水編『狂気な倫理——「愚か」で「不可解」で「無価値」とされる生の肯定』晃洋書房，235-254.

北島行徳，［1997］2018，『無敵のハンディキャップ——障害者が『プロレスラー』になった日』筑摩書房.

北村小夜，2018，「パラリンピックでまき散らされるパラアスリート像は障害者理解を広げるか」『福祉労働』161：62-69.

桐原尚之，2013，「社会事業史のアンチテーゼとなる歴史と障害学」障害学国際セミナー2012ポスター報告『生存学研究センター報告』20：300-308.

金満里，1998，「瞬間のかたち——劇団『態変』の軌跡」『現代思想』26（2）：50-63.

倉本智明，1999，「異形のパラドックス——青い芝・ドッグレッグス・劇団態変」石川准・長瀬修編

『障害学への招待——社会，文化，ディスアビリティ』明石書店，219-255.

——，2000，「あとがき」倉本智明・長瀬修編『障害学を語る』エンパワメント研究所，183-186.

小泉義之，2004，「社会構築主義における批判と臨床」『社会学評論』55(3)：209-222.

後藤吉彦，2007，『身体の社会学のブレイクスルー——差異の政治から普遍性の政治へ』生活書院

酒井隆史，2001，『自由論——現在性の系譜学』青土社.

坂井めぐみ，2020，「ひとを線引きする——パラリンピックの歴史的変遷から」『現代のバベルの塔——反オリンピック・反万博』新教出版社，153-167.

定藤邦子，2011，『関西社会運動の現代史——大阪青い芝の会を中心に』生活書院.

篠原加奈，2002，「障害者プロレス～その試みと可能性～——『共感』による『弱さの発展的受容』の実現に向けて」『Συν：ボランティア人間科学紀要』3：275-295.

嶋守さやか，2008，「唯，君ヲ愛ス——障害者プロレス『ドッグレッグス』というコミュニケーション」『金城学院大学論集 社会科学編』5(1)：53-73.

——，2016，「SHe という生き方——障害者プロレス『ドッグレッグス』妖怪レスラー・遠呂智の談」『ARENA』19：214-236.

杉野昭博，2007，『障害学——理論形成と射程』東京大学出版会.

——，2018，「『障害当事者宣言』と『障害受容』」『人文学報』514-3：15-33.

——，2024，「アメリカ障害学と日本への示唆」障害学会20周年記念事業実行委員会編『障害学研究20 障害学の展開——理論・経験・政治』明石書店，53-69.

武田宙也，2014，『フーコーの美学——生と芸術のあいだで』人文書院.

辰巳一輝，2022，「『社会モデル』以後の現代障害学における『新たな関係の理論』の探求」『思想』1176：46-64.

田中耕一郎，2016，「『障害の基本原理 Fundamental Principles of Disability』の検証——社会モデル生成の議論へ」『北星学園大学社会福祉学部北星論集』53：91-114.

玉木幸則，2018，「『障害者×感動』の方程式の嘘っぱさ——日常の等身大の障害者とのギャップへの問題提起」『福祉労働』161：36-45.

千葉雅也，2021，「生き様のパレーシア」小泉義之・立木康介編『フーコー研究』岩波書店，478-482.

津崎良典，2006，「言説的な実践としての『省察』による自己主体化——フーコー『主体の解釈学』講義から出発して」『メタフュシカ』37：29-40.

鶴園誠，2018，「『格闘技やってます！』をフックに障害者レスラーが伝えたいこと」『福祉労働』161：96-100.

寺山修司，1993，「畸形のシンボリズム——一寸法師の宇宙誌」『新劇』25(8)：5-36.

長瀬修，1999，「障害学に向けて」石川准・長瀬修編『障害学への招待——社会，文化，ディスアビリティ』明石書店，11-39.

中野智世，2020，「近代ドイツにおける障害当事者運動の理念と活動——『身体障害者自助促進連盟（1919～1945）』を例として」『障害学研究』16：186-209.

永島利明，1972，「障害者と見世物芸人——障害者の処遇史に関する一考察」『特殊教育学研究』10(2)：27-35.

長野慎一，2003，「バトラーにおける抵抗としてのパロディ—コーネルとの比較から」『慶応義塾大学大学院社会学研究科紀要 社会学心理学教育学 人間と社会の探求』57：75-85.

生瀬克己，1999，「見世物芸と障害者——『見られる』存在と『見せる』存在をめぐって」鵜飼正

樹・北村皆雄・上島敏昭編『見世物小屋の文化誌』新宿書房, 62-81.

二階堂祐子, 2011, 「1970年代の障害者運動における女性障害者の意識変容——青い芝の会神奈川県連合会『婦人部』をめぐって」『女性学』19：89-107.

箱田徹, 2013, 『フーコーの闘争——〈統治する主体〉の誕生』慶応義塾大学出版会.

堀幸枝, 2018, 『障害者と笑い——障害をめぐるコミュニケーションを拓く』新曜社.

廣瀬浩司, 2011, 『後期フーコー——権力から主体へ』青土社.

藤高和輝, 2017, 「アイデンティティと共同体——『怒りの共同性』に関するノート」『共生学ジャーナル』1：69-84.

星加良司, 2004, 「ディスアビリティとは何か——『不利益』の意味と位置をめぐって」『ソシオロゴス』28：32-47.

堀正嗣, 1994, 『障害児教育のパラダイム転換——統合教育への理論研究』柘植書房.

松田恵美子, 2021, 「《論説》近代日本女性の政治的権利獲得運動」『名城法学』71(1)：76-110.

美馬達哉, 2020, 「エンハンスメントから見たスポーツ」石坂友司・井上洋一編著『未完のオリンピック——変わるスポーツと変わらない日本社会』かもがわ出版, 114-137.

宮本聡, 2015, 「差異派／平等派を越えて——1980年代の障害者芸術表現の実践を中心に」『社会教育研究紀要』1：1-9.

森岡次郎, 2006, 「『内なる優生思想』という問題——『青い芝の会』の思想を中心に」『大阪大学教育学年報』11：19-33.

山田雄三, 2001, 「エレファントマンを表象＝代弁した知識人——ジョゼフ・ケアリー・メリック（1862-1890）は語ったか」『言語文化共同研究プロジェクト』2000：35-46.

要田洋江, 2013, 「『排除の差別』を生みだす『障害の個人モデル』との闘い——『健全者文明を否定する』という『全国青い芝』の主張について」『人権問題研究』12-13：5-59.

好井裕明, 2018, 「文化・メディアにおける障害者表象をめぐって」『福祉労働』161：8-21.

横塚晃一, [1975] 2007, 『母よ！殺すな』[第3版] 生活書院.

横田弘, [1979] 2015, 『障害者殺しの思想』[増補新装版] 現代書館.

吉澤昇, 2017, 「1980年代：史哲研究室と〈過去の消化〉——⑷キリスト教的主体形成から自己の解釈学へ」『東京大学大学院教育学研究科 基礎教育学研究室 研究室紀要』43：79-90.

参考 URL

Anders, Abram, 2013, "Foucault and 'The Right to Life': From Technologies of Normalization to Societies of Control," *Disability Studies Quarterly,* 33(3)（https://dsq-sds.org/index.php/dsq/article/view/3340/3268 2024/11/22）.

Griffin, Michelle, 2011, "Lunch with Stella Young," *THE AGE,* （https://www.theage.com.au/entertainment/comedy/lunch-with-stella-young-20110922-1klsc.html 2023/07/05）.

IPC, "IPC VISION, MOTTO, SYMBOL," International Paralympic Committee （https://oldwebsite.paralympic.org/sites/default/files/document/120427151817794_Vision.pdf 2023/12/08）.

———, "Paralympics History," International Paralympic Committee （https://www.paralympic.org/ipc/history 2023/12/10）.

Kiefer, Brittaney, 2016, "Sex, Chocolate and Disability: What Marketers Can Learn from Maltesers' Campaign," *Campaign,* September 08, 2016 （https://www.campaignlive.co.uk/article/sex-chocolatedisability-marketers-learn-maltesers-campaign/1407980 2024/03/21).

Oliver, Michael, 1990, "Cultural Production of Impairment and Disability," *The Politics of Disablement*, Chapter 2 (https://disability-studies.leeds.ac.uk/wp-content/uploads/sites/40/library/Oliver-p-of-d-Oliver2.pdf 2023/05/07).

―――, "The Ideological Construction of Disability," *The Politics of Disablement*, Chapter 4 (https://disability-studies.leeds.ac.uk/wp-content/uploads/sites/40/library/Oliver-p-of-d-oliver4.pdf 2023/05/09).

―――, 1999, "Capitalism, Disability and Ideology: A Materialist Critique of the Normalization Principle," Flynn, Robert J. and Raymond A. Lemay eds., *A Quarter-Century of Normalization and Social Role Valorization: Evolution and Impact*, (https://www.independentliving.org/docs3/oliver99.pdf 2017/07/08).

Peers, Danielle, "Athlete" (http://www.daniellepeers.com/athletics.html 2023/12/13).

Mullins, Aimee, 2009, "My 12 Pairs of Legs," *TED Talks* (＝2009, Atsuko Saso 訳「エミー・マランスと12組の足」(https://www.ted.com/talks/aimee_mullins_my_12_pairs_of_legs?language=ja 2023/07/13).

NPHT, "Barcelona 1992 Paralympic Summer Games," National Paralympic Heritage Trust, (https://www.paralympicheritage.org.uk/barcelona-1992-paralympic-summer-games 2023/12/17).

Thorneycroft, Ryan, 2023, "Pornographication: Exploring the 'Porn' in 'Inspiration Porn'," *Porn Studies*, Routledge Open Access (https://www.tandfonline.com/doi/full/10.1080/23268743.2023.2251493 2024/01/18).

UPIAS, 1976, *Fundamental Principles of Disability*, London: Union of Physically Impaired Against Segregation, (https://disability-studies.leeds.ac.uk/wp-content/uploads/sites/40/library/UPIAS-fundamental-principles.pdf 2016/06/07).

Yong, Stella J, 2012, "We're Not Here for Your Inspiration," *ABC*, (https://www.abc.net.au/news/2012-07-03/young-inspiration-porn/4107006 2023/07/05).

―――, 2014, "I'm Not Your Inspiration, Thank You Very Much," *TED Talks* (＝2014, Mari Arimitsu 訳「私は皆さんの感動の対象ではありません、どうぞよろしく」(https://www.youtube.com/watch?v=8K9Gg164Bsw 2023/03/03).

明石書店『障害の政治』(https://www.akashi.co.jp/book/b65325.html 2023/06/04).

朝日新聞クロスサーチ，「そんな愛ならいらない」『ニッポン人脈記 ありのまま生きて⑥』2007年4月23日夕刊 (https://xsearch.asahi.com/kiji/image/?1713251559090 2024/04/16).

―――，「開幕直前，無念のクラス変更 車いす陸上・伊藤」2021年8月26日朝刊 (https://xsearch.asahi.com/kiji/detail/?1702341321365 2023/12/12).

河原夏季，2015，「障害者プロレス，走り続け25年 健常者とも試合『こんな世界が…』」(https://withnews.jp/article/f0151024002qq00000000000000G0010501qq000012648A 2023/10/30).

キネマ旬報WEB，『DOGLEGS』のストーリー，(https://www.kinejun.com/cinema/view/85301 2023/11/14).

小泉義之，2016，「自己と他者を支配する主体としての正常な（正気で健康で無実で異性愛の［能動的］同性愛の）男」京都大学人文研ワークショップ，(https://www.r-gscefs.jp/2019/07/21).

国土交通省「心のバリアフリー／障害の社会モデル」(https://www.mlit.go.jp/sogoseisaku/barrierfree/sosei_barrierfree_tk_000014.html 2023/05/30).

シネフィル，2017，「アーティスト：マシュー・バーニーの手がけた連作フィルムプロジェクト『ク

レマスター』シリーズ全5作-日本各地で上映始まる！」（https://cinefil.tokyo/_ct/17127987 2023/07/14）.

慎改康之，「セクシュアリティと欲望の真理——フーコーと性解放運動」（https://www.meijigakuin. ac.jp/~french/shinkai/pdf%20files/sexualite.pdf 2024/03/02）.

杉野昭博，2020，「アメリカ障害学の原点」（http://tmudsw.html.xdomain.jp/zola/introduction.pdf 2023/06/02）.

杉本穂高，2016，「障害者プロレスのドキュメンタリー『DOGLEGS』はあなたの価値観を必ず揺さぶる」『HUFFPOST』（https://www.huffingtonpost.jp/hotaka-sugimoto/doglegs_b_9077544.html 2023/11/14）.

態変，2023，「態変名称変更」（http://taihen.o.oo7.jp/main/taihen2023.html 2024/06/10）.

内閣府 平成29年度版障害者白書（https://www8.cao.go.jp/shougai/whitepaper/h29hakusho/zenbun/h3_01_05_02.html 2023/05/30）.

日本車いすバスケットボール連盟（JWBF）「車いすバスケットボールを知る」（https://jwbf.gr.jp/wheelchairbasketball 2023/12/11）.

パラサポWEB，「伊藤智也 帰ってきた金メダリスト」（https://www.parasapo.tokyo/featured-athletes/ito-tomoya 2023/12/12）.

花田春兆，1987，「日本の障害者の歴史——現代の視点から」『リハビリテーション研究』54：2-8 （https://www.dinf.ne.jp/doc/japanese/prdl/jsrd/rehab/r054/r054_002.html 2023/10/06）.

檜垣立哉，2023，「『狂気な倫理』小西・河原編合評会」（https://researchmap.jp/read0090797/presentations/41329118 2023/12/12）.

堀江ガンツ，2019，「32年が凝縮されたライガー vs. みのる——"人間サンドバッグ"と座礼の記憶」（https://number.bunshun.jp/articles/-/841138?page=3 2023/11/09）.

マイナビニュース，2022a，「中丸雄一は手足が動かない少女，山田涼介は胸から下が麻痺した女性…『24時間テレビ』で取材」（https://news.mynavi.jp/article/20220821-2430536/ 2023/07/18）.

―――――，2022b，「ジャにのちゃんねる，車いすの少年と一緒に"集団フォーメーションダンス"に挑戦」（https://news.mynavi.jp/article/20220819-2429519/ 2023/07/18）.

前田拓也，2016，「『感動』するわたしたち——『24時間テレビ』と「感動ポルノ」批判をめぐって」（https://synodos.jp/opinion/info/17888/ 2023/05/25）.

森壮也，2017，「『アカデミズムにおけるエイブルイズム（非障害者優先主義）』シンポジウムから」（ISQ201730_005.pdf 2024/06/10）.

ヨミダス歴史館 Yomiuri Database Service，「赤の会議室『無敵のハンディキャップ』北島行徳著」1998年2月16日東京朝刊（https://database.yomiuri.co.jp/rekishikan/ 2023/10/30）.

読売テレビ「24時間テレビとは」（https://www.ytv.co.jp/24h/about/index.html 2023/07/18）.

VOGUE JAPAN, 2020，「『ハンディは克服するものではなく，可能性を広げてくれるもの』——義足のモデル＆パラリンピアン，エイミー・マランス.【戦うモデルたち】」（https://www.vogue.co.jp/change/article/models-in-challenge-aimee-mullins 2023/07/14）.

《著者紹介》

北島加奈子（きたじま　かなこ）

　　立命館大学大学院 先端総合学術研究科 一貫制博士課程修了
　　障害学，博士（学術）

主要業績

「インペアメントがディスアビリティに先行するのか──インペアメントとディスアビリティの個
　　人化をめぐって」立命館大学大学院先端総合学術研究科『Core Ethics コア・エシックス』vol.
　　15 25-34（2019）

「『障害者』の主体形成に見るアイデンティティ・ポリティクス」立命館大学大学院先端総合学術研
　　究科『Core Ethics コア・エシックス』vol. 16 47-57（2020）

「パラリンピック選手の抵抗の可能性と「別の生」」『狂気な倫理』第11章（晃洋書房，2022年）

障害者の倫理
──フーコーからパラリンピックまで──

2025年 3 月30日　初版第 1 刷発行　　＊定価はカバーに
　　　　　　　　　　　　　　　　　　　表示してあります

　　　　　　　　　　著　者　　北　島　加奈子ⓒ

　　　　　　　　　　発行者　　萩　原　淳　平

　　　　　　　　　　印刷者　　江　戸　孝　典

　　　　　発行所　株式
　　　　　　　　　会社　晃　洋　書　房
　　　　　〒615-0026　京都市右京区西院北矢掛町 7 番地
　　　　　　　　　　　電話　075（312）0788番㈹
　　　　　　　　　　　振替口座　01040-6-32280

装幀　谷本豊洋　　　　　　印刷・製本　共同印刷工業㈱

ISBN978-4-7710-3944-5

JCOPY 〈(社)出版者著作権管理機構　委託出版物〉

本書の無断複写は著作権法上での例外を除き禁じられています．
複写される場合は，そのつど事前に，(社)出版者著作権管理機構
（電話 03-5244-5088, FAX 03-5244-5089, e-mail: info@jcopy.or.jp）
の許諾を得てください．